RAPPORT

A Son Excellence Monsieur le Ministre de l'Agriculture et du Commerce

DU COMMERCE FRANÇAIS

DANS LE LEVANT

Et de son Développement possible

PAR

FÉLIX FAURE

HAVRE

Imprimerie F. SANTALLIER & Cᵉ, boulevard Impérial, 162

—

1870

RAPPORT

A Son Excellence Monsieur le Ministre du Commerce et de l'Agriculture

MONSIEUR LE MINISTRE,

Au mois de Septembre dernier, votre honoré prédécesseur voulut bien me faire obtenir de son collègue, M. le Ministre des affaires étrangères, une lettre d'introduction près des agents diplomatiques et consulaires de France en Orient, pour me permettre, dans un voyage que j'entreprenais alors, de recueillir tous les renseignements pouvant intéresser la Marine et le Commerce français.

Négociant, je pouvais apprécier bien des points qui auraient passé inaperçus à d'autres yeux. J'ai donc rédigé ce rapport, auquel j'ai apporté toute la franchise possible dans l'espoir de rendre quelques services, aussi bien à notre commerce qu'à celui des pays que j'ai traversés.

De retour de cette excursion, après avoir classé les divers documents que j'en avais rapportés, je m'empresse de soumettre à Votre Excellence les observations que j'ai été à même de recueillir.

Je ne vous entretiendrai pas, Monsieur le Ministre, des villes qui, par leur proximité, sont assimilées à nos grands centres français, et je débuterai par Pesth.

PESTH. — Cette ville toute nouvelle, immense entrepôt de la Hongrie, qui, en l'espace de quelques années, a vu sa population s'élever de 40,000 habitants à plus de 250,000, doit m'arrêter un instant.

Elle est appelée, je crois, à prendre une grande importance d'ici peu ; son principal article d'exportation est le blé. Presque toute la récolte des riches plaines de la Hongrie vient sur ce marché, que nos minotiers français savent apprécier depuis longtemps déjà ; beaucoup de nos nationaux vont à Pesth faire leurs achats, et nul doute que, lorsque le réseau des chemins de fer hongrois sera terminé, et qu'on pourra apporter sur cette place la presque totalité de la production du pays, les rapports entre cette ville et nos différents marchés français ne prennent un grand développement. A part les céréales, la Hongrie nous envoie, par l'intermédiaire des traitants de Pesth, des graisses, suifs, saindoux, etc., peaux de chèvres, de chevreaux, peaux de moutons.

La laine est aussi un des principaux produits de cette belle contrée ; mais, depuis quelque temps, la position précaire de cet article dans le Nord de l'Europe a fait préférer les débouchés des villes industrielles d'Allemagne et en particulier de Brünne, où on compte de très importantes filatures, et qui, par sa proximité avec Pesth, doit être tout naturellement son point direct de consommation.

Le commerce de Pesth est presque entièrement dans les mains des maisons Allemandes, quelques Anglaises, quelques Suisses, et peu ou point de Françaises.

Il y a là cependant de grands éléments de succès, et si nous savions un peu plus quitter notre patrie, comme le font nos voisins, on reconnaîtrait vite les avantages que doit offrir sous peu la nouvelle capitale de la Hongrie.

Comme exportations de France, il y a tout à créer dans ce pays.

Pour les manufacturés, il est certain que l'industrie allemande nous y devance, mais il y a des articles que notre commerce et notre industrie pourraient fournir à Pesth et à ses districts.

D'abord les articles de Paris, les nouveautés, objets d'habillement, etc., puis les sucres raffinés, les cafés, les coloniaux de toutes sortes ; mais pour que notre exportation puisse prendre de ce côté tout le développement qui lui est promis, il faut que nos chemins de fer rivalisent avec les voies belges, hollandaises et allemandes par leur bas prix de transport ; que la question soit étudiée, qu'on puisse expédier de Bordeaux, de Marseille et surtout du Havre, par des tarifs combinés aux mêmes conditions que d'Anvers, de Hambourg, d'Amsterdam et de Brême, et nous ne tarderons pas à recueillir les fruits de ces intelligentes modifications.

Les villes, qui doivent attirer notre attention immédiatement après, sont Braïla et Galatz.

Je mets ensemble ces deux places, parce qu'en effet elles sont étroitement liées entre elles ; il est peu de maisons établies dans l'une qui n'ait son comptoir dans l'autre.

Reliées par les steamers autrichiens qui vont et viennent plusieurs fois par jour, elles ne forment en fait qu'un seul marché, avec cette différence toutefois que Braïla s'occupe plus spécialement des produits, tandis que c'est à Galatz que se font toutes les opérations de banque.

Ces deux premiers ports de la Roumanie sont pour ainsi dire des colonies étrangères, et c'est la Grèce qui y fournit le principal élément commerçant. Braïla compte, dit-on, 50,000 habitants et Galatz près de 100,000.

Il est assez difficile d'obtenir en Roumanie des données statistiques exactes ; mais, grâce aux obligeantes communications de M. Boyard, consul de France, et de M. Mohler, secrétaire de la Commission Européenne du Danube à Galatz, j'ai pu me procurer quelques documents intéressants.

Il va sans dire que la richesse de ces deux villes, dans un pays encore presque privé de voies artificielles, de communation, vient de leur position sur le Danube, qui en fait, par ses affluents, les seuls entrepôts possibles à la production et leur permet en même temps l'exportation, par la Mer Noire, des nombreux produits du sol Roumain sur toutes les marchés d'Europe.

La Roumanie, qui expédie déjà beaucoup, surtout en céréales, est appelée à devenir, dans un temps prochain, un des principaux centres de production du monde ; malheureusement, le manque de bras paralyse l'essor que ce pays devrait prendre, et l'insalubrité des bords du Danube et même de l'intérieur du pays pour les ouvriers européens empêche l'émigration d'y apporter l'élément de progrès nécessaire à cette contrée.

Malgré toutes ces raisons, la production augmente constamment, et il est facile de se rendre compte de ce qu'elle pourrait être et de ce qu'elle deviendra certainement, en jetant un coup–d'œil sur les chiffres exacts des céréales exportées.

Pendant les années 1865-1866-1867, les exportations des grains ont atteint 1,287,600,000 kilogrammes, soit en moyenne 425,530,000 kilogrammes par chaque année et en 1868, la dernière année dont nous ayons pu avoir le montant des exportations il comporte 730,800,000 kilogrammes.

Ces relevés sont sérieux et contrôlés par les agents de la Commission Européenne du Danube.

Les articles d'exportation de la Roumanie sont: en première ligne le blé, puis le seigle, l'orge, l'avoine, le sarrasin, le maïs, en un mot toutes les céréales, le tabac, les bois de construction, les douves, les suifs, les peaux, les laines, le pétrole, etc., etc.

Mais là ne se borne pas la production et on peut apprécier ce que pourront faire dans ce pays la création des voies de communication et l'émigration, autant pour la richesse géologique et minéralogique du sol, que pour le développement de l'agriculture.

Le territoire de la Moldo–Valachie ou Roumanie s'étend sur une superficie approximative de 12 millions d'hectares dont :

6 millions d'hectares de terres arables ;

2 millions d'hectares de forêts ;

4 millions d'hectares en terres non cultivées ;

Donc il y a dans ce pays le tiers du terrain qui est improductif faute de culture.

En y ajoutant un sixième de la surface occupé par des forêts non exploitées, on peut facilement se rendre compte du développement de l'exportation que l'avenir réserve à la Roumanie.

Il convient encore de dire que les terres cultivées devront produire beaucoup plus qu'elles ne le font aujourd'hui.

Le sol de la Roumanie est parfaitement approprié à toute espèce d'exploitation.

La partie plane est arrosée par de nombreux cours d'eau descendant des montagnes, ce qui lui donne une étonnante fertilité.

Les blés que produit la Roumanie sont généralement des blés durs, mais très farineux, néanmoins leur qualité est moins appréciée en France qu'en Angleterre, mais lorsque nos minotiers auront pris l'habitude de les employer, nous sommes certains qu'ils les apprécieront.

Nous n'avons pas l'intention de passer en revue une à une toutes les productions de la Moldo–Valachie, mais nous ne pouvons cependant nous dispenser, pour faire juger de l'avenir de ce pays, de donner quelques détails généraux qui nous ont paru intéressants.

Ainsi, par exemple en céréales, voici quel est à peu près la production d'après les dernières statistiques :

Blés	12,000,000	hectolitres
Seigle	1,500,000	»
Maïs	15,000,000	»
Orge	6,000,000	»

Comme nous l'avons dit plus haut, la sixième partie du territoire est garnie de forêts, les essences qu'on y rencontre le plus sont :

le sapin, le frène, le chêne, l'érable, le charme, l'orme, etc.

Ces bois ne sont que peu exploités, il y a bien dans les districts montagneux quelques scieries qui débitent les arbres et envoient dans les ports de Braïla et de Galatz les planches et les douves, mais ces envois ne sont encore que très restreints.

La Roumanie élève quantité de bêtes à cornes, une partie est exportée dans les pays voisins tant en Autriche qu'en Russie et en Turquie et le reste sert à la consommation locale.

Les débris des animaux abattus, à part les cuirs et les suifs, sont laissés sans emploi, et nous croyons qu'il y a là une source de profits pour qui oserait entreprendre leur exploitation.

La viande, dans les Principautés, se vend à très bas prix, soit quelque chose comme 40 centimes le kilogramme, aussi une maison Anglaise a-t-elle créé à Galatz une fabrique de conserves alimentaires pour la marine, et cela avec de grands bénéfices ; il y a encore place pour d'autres et avant d'aller chercher à entreprendre cette industrie dans l'Amérique du Sud nous ne saurions trop engager à tirer parti des ressources plus voisines qu'offre cette contrée.

La laine est un des premiers articles d'exportation des Principautés et nos industriels ont déjà appris à apprécier le profit qu'ils en pouvaient tirer.

La sorte de laine la plus exploitée en ce moment est celle qu'on nomme *Tzigaye*, elle est longue de mèche d'une finesse qui varie entre deuxième et troisième, légère, sans chardon et convient parfaitement aux peignages de nos départements du Nord où nous savons qu'on en a fait quelques essais avec plein succès.

Voici pour l'Agriculture, et nous terminerons par quelques renseignements sur la richesse Géologique et Minéralogique de ce pays.

Malheureusement ces mines sont presque complétement inexploitées ; les marbres, les grès, les pierres à meules, le gypse, l'ardoise, l'albâtre, le quartz, le mica, le soufre s'y rencontrent abondamment et pourraient s'exporter avec profit.

Le fer, le mercure, l'argent, l'or même, y existent également et demanderaient peu de travail à l'exploitation.

Citons enfin les mines de sel gemme et les sources de pétrole, et nous n'aurons pas encore énumérer tout ce que possède et produit ce pays si peu connu en France quoique si près.

Pour les pétroles, la Roumanie a cet immense avantage sur l'Amérique, c'est que tandis que dans ce dernier pays l'huile se retire par des puits, ici, ce sont des sources qui ne demandent au chercheur aucun travail.

Lorsque les voies férrées permettront le transport facile jusqu'aux ports du Danube, on pourra exploiter les forêts, les carrières et les mines; on cultivera la partie du territoire laissée en abandon et nous verrons alors l'importance que prendra la Roumanie dans nos approvisionnements et partant dans notre industrie.

Il s'y créera, nous n'en doutons pas, d'importantes usines qui trouveront sur les lieux le charbon et l'anthracite et pourront dégrossir la matière première et l'expédier à l'Europe Occidentale, prête à être employée.

Nous serions heureux de voir quelques-uns de nos nationaux prendre l'initiative de ces établissements, car les premiers arrivés l'emporteront naturellement sur ceux qui viendront après.

Pour ne nous occuper que de l'exportation actuelle de la Roumanie au point de vue français, nous constatons qu'à part Marseille nos ports ne reçoivent pas ou peu de ses produits et cependant il y aurait dès à présent grand avantage à nos manifacturiers et industriels à les connaître.

Ainsi comme nous l'avons dit, les laines par exemple conviendraient parfaitement à nos fabricants de Roubaix et de Tourcoing.

Ceux-ci jusqu'à présent vont s'approvisionner à Marseille.

Les énormes frais de transport de cette place aux usines empêchent les produits de tenir dans notre consommation le rang auquel ils ont droit.

Le temps est proche où ces difficultés cesseront et nous pouvons assurer aux produits de la Roumanie un avenir sérieux en France, lorsque des lignes régulières de steamers relieront ce pays de production avec les ports de l'ouest de la France, et apporteront ses richesses sur le marché du Havre.

Les opérations commerciales se font en ce pays, avec le système d'avance aux producteurs, c'est-à-dire que pour les céréales, pour les laines etc, les négociants de Galatz et de Braïla avancent aux propriétaires un prorata qui varie entre moitié et deux tiers avant la récolte et on parfait la somme au moment de la livraison.

Les prix sont fixés seulement à la récolte et si les négociants prêteurs trouvent les cours exagérés ils conservent le droit de rentrer en possession de leurs prêts avec les intérêts depuis les versements à raison de 7, 8, 9, et même 10 0/0 l'an.

Les négociants étrangers, qui veulent opérer dans ce pays, doivent se conformer à ces usages et les commissionnaires auxquels ils s'adressent pour ces opérations se remboursent sur eux au fur et à mesure de leurs avances, en des traites qui sont généralement à trois mois de date payables à Paris et au change qui flotte autour de Piastres 2, 28/40 par franc, (la Piastre vaut 40 Paras).

Ce système a bien ses inconvénients et devra certainement se modifier par la fréquence des rapports avec la France.

Les Principautés doivent déjà et devront leur prospérité aux puissances signataires du traité de 1856, qui a institué la Commission Européenne du Danube, afin d'améliorer la navigabilité de ce fleuve.

Les heureux effets des travaux auxquels s'est livrée cette Commission ne peuvent être contestés et en effet voici les résultats obtenus dans le bras de Soulina sur lequel ont surtout porté les efforts de l'entreprise.

En 1864, la profondeur de l'embouchure était de 16 — pieds anglais.
En 1865, » » de 17 1/2 »
En 1866, » » de 16 2/3 »
En 1867, » » de 16 7/12 »
Et en 1868, « » de 17 1/2 »

et avant le commencement des travaux elle variait entre 8 à 10 pieds de profondeur seulement.

Le nouvel état de chose doit donc encourager notre marine à aller chercher là des frets qui lui font défaut ailleurs.

Le pavillon marchand français flotte rarement dans le Danube, et un fait qui peut paraître incroyable en 1868 : à part les steamers des Messageries Impériales, il n'est entré que sept navires français, tandis que dans la même période on y a constaté le passage de 906 navires grecs.

Les frets pour France y sont cependant avantageux : ainsi nous pourrions citer tel navire qui a obtenu à l'aller Fr. 35 du tonneau chargé en rails et au retour Fr. 90 chargé de laines pour un port anglais.

Lorsqu'avant les intéressants travaux de la Commission l'armateur avait à craindre des frais considérables d'allége à l'embouchure, cette abstention était compréhensible, mais aujourd'hui que ces difficultés ont disparu, que la production va s'accroître, il est temps pour notre marine de songer sérieusement à exploiter ce nouveau champ.

Ce que je dis de l'indifférence de la marine marchande française pour le Danube, je le répéterai malheureusement pour tout l'Orient.

Parmi les nations Européennes, nous sommes les derniers dans les stastistiques d'entrées et de sorties de tous les ports du Levant, et comme nombre de navires, et comme tonnage ; nous nous laissons distancer par les marines Anglaise, Allemande, Italienne, Belge et autres ; je ne parle pas ici de la marine Hellénnique qui est là chez elle, et qui conservera certainement son rang, mais simplement des marines commerciales des nations moins bien placées que nous pour cette navigation.

Comme je le signalais plus haut, Galatz et Braïla, sont presque des colonies grecques quelques maisons allemandes peu d'anglaises et pas de françaises dans le commerce d'exportation.

Dans l'état primitif où est encore ce pays, on conprend que l'industrie y soit en retard ; nous devons citer cependant quelques minoteries importantes qui adressent presque toute leur fabrication à la Turquie, et entre autres celle de M. Zerbollini, qui peut rivaliser avec nos premiers établissements de ce genre.

Galatz et Braïla sont reliées au haut Danube par les bateaux du Lloyd Autrichien et à la Mer Noire, c'est-à-dire au reste de l'Europe, par les steamers de l'importante Compagnie Russe de navigation à vapeur, faisant le service de ces ports à Odessa, par les Messageries Impériales Françaises allant à Marseille, et par quelques steamers Anglais.

Je dois dire ici que la Compagnie des Messageries Impériales devrait apporter plus de soins dans ses relations avec les importeurs des marchés de Braïla et de Galatz, et ne pas, par des vexations presque continuelles, forcer ces négociants à préférer la voie bien plus onéreuse des chemins de fer Autrichiens et des bateaux de la Compagnie du Lloyd. A part l'avantage qu'y trouverait cette Compagnie, avantage dont elle est seule juge, elle favoriserait les relations de ce pays avec la France.

Comme je l'ai dit plus haut, le commerce français doit prendre dans les Principautés une place sérieuse, et la Compagnie des Messageries doit y apporter tout son concours.

Le commerce et l'industrie français ont beaucoup à faire dans la Moldo-Valachie, tous les articles de notre fabrication y sont importées, les articles de Paris, les sucres, les verres, les cuirs et les peaux fabriqués, les coloniaux, les acides stéariques, etc. ; mais ces affaires se développeraient singulièrement si nous songions à exploiter ce pays par des renseignements réguliers et par l'envoi dans les principales villes, comme Bukarest, Galatz Iassy, d'agents sérieux et intelligents qui donneraient à nos rapports une impulsion bien facile et bien fructueuse pour tous.

Je ne m'arrêterais pas, Monsieur le Ministre, à une autre ville qui a et aura son importance sous peu, je veux parler de Ismaïla ; j'aurais à répéter ce qui précède pour les deux places dont je viens de vous entretenir.

Ismaïla est déjà l'entrepôt général de la Bessarabie, et les exportations de ce port, en céréales, en laines, douves, etc., tendent à s'accroître chaque année.

Comme je le disais plus haut, l'embouchure du Danube loin de présenter maintenant des dangers à la navigation, offre au contraire un bon refuge contre les mauvais temps si fréquents dans la Mer Noire et les navires qui fréquentent ces parages, ne vont plus autre part chercher un abri.

Il importe donc aussi que les Compagnies d'assurances maritimes, sortant des anciens errements, diminuent autant que possible les primes qu'elles perçoivent pour ces traversées, et favorisent, elles aussi, le développement que nous prédisons.

Immédiatement en sortant du Danube, le premier port dont nous devons nous occuper, est Odessa.

On ne se douterait guère en voyant cette ville aujourd'hui, qu'il y a soixante dix ans à peine, c'était un pauvre village auquel rien ne faisait prévoir sa célébrité et son importance actuelles (1).

(1) Le cap sur lequel est bâti aujourd'hui Odessa était occupé, il y a à peine quatre-vingts ans, par une petite forteresse turque qui portait le nom de Hadgi-Bey.

L'amiral Ribas, napolitain, au service de la Russie, s'en empara, d'après les ordres de Potemkin, et reçut aussitôt cette conquête le gouvernement de cette nouvelle province, que son talent venait de donner à l'empire de Catherine II.

Cette souveraine, qui, à côté de grandes passions, avait d'éminentes qualités qu'on est peu habitué à trouver dans son sexe, qualités toutes viriles qui lui valurent le plus beau nom que jamais femme reçut, celui de « grand homme, » comprit immédiatement le parti qu'on pouvait tirer de Hadgi-Bey, et, en même temps qu'elle y faisait élever une forteresse sérieuse, elle y appelait de tous les pays du monde les marchands et les colons.

L'amiral Ribas fit commencer en 1597 des travaux considérables pour faciliter l'entrée du port aux différentes marines, qui ne devaient pas tarder à le visiter et à en faire un entrepôt de premier ordre. Tout promettait à Odessa un avenir des plus prochains, quand mourut Catherine II.

Paul Ier, son successeur, négligea ces nouvelles conquêtes, et Odessa n'eut sous son règne qu'à garder ce qu'elle avait acquis sous le précédent; mais Alexandre Ier, en montant sur le trône, s'empressa de reprendre l'œuvre de Catherine. Il commença par donner à la nouvelle Russie la communauté des lois avec les autres provinces de l'Empire, et, afin d'y attirer des colons, il supprima ou plutôt suspendit tous les impôts pour vingt-cinq ans; il affranchit les habitants des logements militaires, en faisant élever de magnifiques casernes; il donna à la ville tout le terrain qui l'environnait; enfin, il affecta aux améliorations du port un dixième des revenus de la douane.

Ces intelligentes et libérales mesures eurent immédiatement un résultat. La population d'Odessa s'accrut rapidement, et les transactions commerciales ne tardèrent pas à prendre une grande importance.

Là ne devait pas se borner toute la sollicitude impériale pour la nouvelle ville, et, parmi les bienfaits dont Alexandre ne cessa de la combler, il faut certainement placer en première ligne le choix qu'il sut faire en lui donnant comme gouverneur le duc de Richelieu.

Sous cette nouvelle administration, les immunités dont jouissait déjà Odessa furent augmentées : au lieu du dixième du revenu des douanes qui était utilisé à l'agrandissement du port, ce fut dès lors le cinquième ; on baissa les droits de port, ce qui attira toutes les marines étrangères. On subventionna la quarantaine et on créa à Odessa deux foires annuelles.

Si le bien-être matériel d'Odessa augmentait, l'administration du duc de Richelieu voulut aussi donner à cette ville des institutions sérieuses sans lesquelles il n'y a pas de véritables progrès.

On installa une école ou gymnase spécialement affecté aux jeunes gens se destinant à la carrière commerciale; on établit un tribunal de commerce avec des juges nommés par les négociants, y compris les étrangers; on encouragea l'agriculture, et principalement l'élevage des moutons. Le succès fut tel qu'en 1805 Odessa expédiait déjà à l'Occident pour 5,700,000 roubles de céréales.

Enfin, en 1815, le duc de Richelieu quittait cette ville pour laquelle il avait tant fait pour revenir en France.

Son successeur au gouvernement d'Odessa fut encore un Français, le comte de Langeron, et certes il n'en pouvait avoir un plus digne et plus capable de continuer son œuvre.

Sur ses instances, le port d'Odessa fut déclaré franc en 1817.

A partir de ce moment, rien n'arrêta l'essor de cette ville ; de nombreuses promenades, de belles constructions, un théâtre, des cercles en font aujourd'hui certainement une des plus belles d'Europe.

Comme je le disais plus haut, grâce aux libérales institutions en usage à Odessa, de nombreux étrangers et particulièrement des Italiens sous le règne de Napoléon Ier et des Grecs, au moment de la guerre de 1821, y apportèrent leurs capitaux, leur intelligence commerciale, et enfin leur activité et ne contribuèrent pas peu à donner à la ville qui les adoptait si généreusement une importance que lui méritaient sa position et son administration.

Par sa position géographique cependant, entre les embouchures du Dniéper et du Dniester, Hadgibeï était déjà considérée comme un refuge pour les navires qui ne pouvaient à cette époque s'abriter dans le Danube.

La haute intelligence de Catherine de Russie comprit ce qu'il y avait à faire là et du pauvre village elle fit une ville.

Aujourd'hui Odessa compte plus de 250,000 habitants et est devenue un des ports des plus importants d'Europe tant par son mouvement maritime que par son commerce.

Il n'est pas temps encore d'assigner une limite à la prospérité de cette ville, et avec les chemins de fer qui vont la relier à ce grand et riche pays producteur, la Russie du Sud, et suppléer aux deux fleuves qui la rendaient déjà son principal entrepôt, cette ville continuera à progresser dans de notables proportions.

La population commerciale d'Odessa est pour ainsi dire toute étrangère, là aussi existe une Colonie Grecque des plus importantes et de nombreux comptoirs Allemands, Anglais et Français.

Le gouvernement Russe fait du reste tout ce qu'il peut pour attirer dans sa capitale du Sud, la troisième ville de l'Empire, tous ceux dont le génie commercial peut lui donner cette activité qui fait sa richesse et fera son avenir.

On nous a dit que non-seulement les étrangers avaient le droit d'acquérir des propriétés foncières dans cette ville, mais encore que tout étranger propriétaire d'immeubles pouvait sans perdre sa nationalité faire partie du Conseil Municipal d'Odessa et discuter ainsi ses propres intérêts.

Il y a loin de ce libéralisme à l'autocratie despote sous laquelle nous supposons, par de faux et surranés rapports, que vit la Russie.

Aussi le résultat ne s'est-il pas fait longtemps attendre et nous croyons que même aux Etats-Unis il est peu d'exemples d'une ville dont les progrès aient été aussi grands dans une période relativement aussi restreinte.

Nous sommes heureux en passant de rappeler qu'un Français, le duc de Richelieu, a puissamment contribué, par son administration, à la fortune d'Odessa.

La ville n'a pas été ingrate et la statue de notre concitoyen, ainsi qu'une rue portant son nom, le rappellent au souvenir des habitants, qui jouissent de son œuvre.

Pourquoi faut-il que justement dans le socle de cette statue soit encastré et conservé un boulet *(français peut-être !)* qui est venu le frapper pendant le bombardement de cette place par les alliés en 1854.

Nous l'avons dit dans une précédente étude. Les entrepôts et les places de commerce doivent être hors de cause dans les conflits des gouvernements, c'est la fortune privée sans défense qui s'y réfugie sous le pavillon du bon sens et de l'humanité et nous sommes certains que nul maintenant n'osera le violer.

Le port d'Odessa est bien plus un port d'exportation que d'importation. En première ligne les céréales, graines, puis les laines, les suifs, etc, en sortent pour approvisionner toute l'Europe et venir sur les marchés français et anglais rivaliser avec les productions de l'Amérique.

Pour la France, Marseille est jusqu'à présent pour ainsi dire le seul port ou tout au moins le principal port en correspondance régulière et fructueuse avec Odessa. Cependant il y a dans les départements du Nord un grand débouché pour ses produits. Il est bien entendu cependant que, suivant l'abondance ou la rareté des céréales, il vient chaque année quelques chargements sur les ports de la Manche, mais ce ne sont là que des affaires éventuelles.

Malheureusement nous manquons de lignes de steamers directes, entre ce port et les villes maritimes de l'Ouest ; à part la Compagnie Russe de navigation à vapeur, qui a, sur le Havre, un service intermittent, les moyens de communication nous font complètement défaut, mais nous avons l'espoir que sous peu il se créera quelques Compagnies pour exploiter le trafic qui ne peut manquer de naître entre deux marchés comme Odessa et le Havre.

La puissante société, dont nous venons de parler et qui a son réseau parfaitement installé dans toutes les échelles de la Mer Noire et du Levant comprendra bientôt toute l'importance qu'offre à sa navigation le Nord de la France en général et le port du Havre en particulier, et elle y régularisera son service, qui certes alors lui donnera des profits sérieux. Ce qui fait qu'aujourd'hui lorsque les bateaux de cette Compagnie viennent au Havre, ils y trouvent généralement peu de frets, c'est que leurs escales ne sont pas à époques fixes, qu'elles sont même très rares et que les expéditeurs ayant leurs habitudes par des départs réguliers d'autres ports, ne se préoccupent pas ou peu d'un moyen de transport éventuel.

Au point de vue national regrettons qu'une de nos compagnies subventionnées, les Messageries Impériales par exemple, ne prennent pas l'initiative d'une ligne entre la Manche et la Mer Noire qui lui procurerait du reste une source sérieuse de bénéfices.

On pourra répondre que rien n'empêche le commerce de se servir de la navigation à voiles, pour les rapports à créer entre l'Orient et le port du Havre ; mais qui ignore maintenant que sans la vapeur il n'y à pas de développement possible.

Les longues traversées, la perte d'intérêts, les hauts taux d'assurances, l'immobilisation du capital, tous résultats de la navigation à voiles, l'ont tué surtout au grand cabotage, et la vapeur, rien que la vapeur, est appelée dorénavant à jouer un rôle sérieux.

Les céréales qui viennent d'Odessa s'expédient pour le nord de l'Europe par chargements flottants à ordre, à la côte anglaise d'où on les dirige sur les points les plus avantageux à la vente.

L'Angleterre, le Nord de l'Allemagne sont les marchés les plus approvisionnés par les grains de Russie, la France en reçoit également suivant les fluctuations de marché.

Les suifs et les laines de la Russie méridionale viennent aussi en France, mais dans une faible proportion, comparée à celle importée sur les marchés anglais.

Et cependant notre industrie estime sérieusement ces laines, puisqu'on a vu souvent des fabricants français aller s'en approvisionner à Londres, malgré le droit d'entrepôt de F. 3 50 par 100 Kil. qui les frappe.

Là encore, c'est le manque de communications directes qui nous nuit.

Que les protectionistes, dans le mouvement qui se fait aujourd'hui autour de la liberté commerciale, s'appuient sur ce fait pour avancer que nous n'avons pas de marché, et que la consommation nationale doit s'approvisionner à Londres, ce sera justement le cas de leur répondre : peu importe que la marchandise navigue sous un pavillon ou sous un autre, le grand point est qu'elle soit importée.

Que ce soit la Compagnie Russe de navigation à vapeur ou les Messageries Impériales qui aient le gain de ces transports, le seul point capital est que nos fabricants soient placés pour leurs approvisionnements dans des conditions aussi avantageuses que les fabricants étrangers ; ainsi donc la seule chose à faire est de former et de favoriser la création des lignes de steamers, nationales si possible, mais sans repousser le pavillon étranger au contraire.

Les laines d'Odessa s'expédient généralement lavées, quelques unes en suint.

Là aussi, comme dans les Principautés, le système commercial employé est le système par avances.

Les négociants d'Odessa achètent en hiver les produits à exporter, pour qu'on les leur livre plus tard.

Au moment du contrat en Janvier, Février, Mars, on avançe au propriétaire environ le tiers de la valeur de l'acquisition.

Au printemps, un second tiers et enfin le solde à la récolte.

On comprendra que ces opérations offrent de grands dangers, car on n'a pour ainsi dire de garanties que la bonne foi du propriétaire ; mais il y a à Odessa des maisons sérieuses, qui offrent toute sécurité aux acheteurs français qui voudraient s'occuper de cette place.

Pour les laines à expédier lavées on les livre généralement dans les lavoirs, à

Chersoun par exemple, qui est le point le plus important pour cette industrie, puis de là on les adresse à Odessa, d'où on les expédie sur les marchés de consommation.

Les remboursements se font au fur et à mesure des sommes déboursées par les acheteurs d'Odessa, sur les commerçants français en traite sur Paris à trois mois de date.

Toutes les opérations se font maintenant en papier monnaie et le change des traites varie depuis un an de de F. 307 à 312 pour R. 100.

Il va de soi que l'importance de la navigation d'Odessa varie suivant l'abondance des récoltes, mais dans ce port nous avons encore à regretter que le pavillon français soit fort peu représenté et que nos armateurs continuant à abandonner aux marines Anglaise, Allemande et autres le trafic de l'Orient y perdent une source sérieuse de profit et pour eux et pour le commerce national ; car les navires anglais qui s'affrètent à Odessa s'affrèteront plus volontiers, et partant moins cher, pour leur port d'armement que pour un port français ; or, si deux marchés de consommation, celui de Londres et celui du Havre par exemple, offrent à l'expéditeur les mêmes prix à la vente, il va sans dire que profitant du fret le plus avantageux, il exportera sur le marché anglais et non sur le nôtre.

En voilà assez au reste sur ce point qui est compris d'avance.

Contentons-nous de signaler l'importance capitale du port d'Odessa, le rôle qu'il est appelé à jouer dans notre commerce et appelons l'attention de tous : armateurs, négociants, industriels sur cet entrepôt de premier ordre.

Sans vouloir nous étendre sur les exportations que nous pouvons diriger sur Odessa, nous devons cependant en dire un mot.

Tous nos produits y trouveraient facilement un débouché, les grands besoins de cette ville, riche et prospère, y assurent la place de nos articles de luxe qui y sont appréciés, tels que, articles de Paris, bijouterie, meubles, soieries, draps fins, etc., etc. En outre, nous trouverons à Odessa, ainsi que dans toute la Russie méridionale, l'emploi de nos fabriqués de nos sucres, nous devrons pouvoir y réexpédier de nos entrepôts nos cafés, nos coloniaux.

Enfin à tous égards le commerce français doit tenter aussi sur cette place de développer ses rapports et d'augmenter ses affaires par l'envoi d'agents et de renseignements.

Les essais qu'il fera dans ce sens lui seront de suite profitables et il n'est peut-être pas une ville où les résultats se fassent moins attendre pour quiconque veut entreprendre.

CHERSOUN. — Chersoun était autrefois considérée comme un port de mer, il y avait douanes, quarantaine, etc.; mais depuis qu'Odessa a pris une grande importance on en a retiré la douane, et les expéditions de Chersoun doivent être faites par Odessa.

Ce port excellent sur le Dniéper, qui est large à cet endroit, est éloigné de 80 kilomètres de la mer, on constate souvent à l'embouchure de ce fleuve en été un manque d'eau (moins de 11 pieds) qui entravera toujours la navigation.

Les principaux articles d'exportation sont comme d'Odessa, en première ligne, les blés, graines de lin, l'orge, le seigle et le millet.

Dans les bonnes années il vient sur cette place pour la réexpédition, rien que par le Dniéper, plus de 1,000,000 de tchetverts de blé (le tchetvert vaut litres 2.37).

Le produit qui vient immédiatement après les céréales est la laine, Mérinos et Donskoye ; Chersoun en reçoit plus de 300,000 pouds en suint (le poud vaut Kil. 16.95).

Les suifs et les bois y viennent aussi en grande quantité.

Pendant longtemps Toulon s'approvisionnait de mâts sur le marché de Chersoun.

La principale industrie consiste dans le lavage des laines, il y a dans cette ville 11 lavoirs qui occupent plus de 3,000 ouvrières, il y a en outre 2 scieries de bois et 3 moulins à vapeur, qui expédient leurs farines dans l'intérieur.

Le cabotage compte 1,500 navires à l'entrée et autant à la sortie.

Nous avons dû ces renseignements à M. Jules Allard, l'agent consulaire de France dans ce port, qui s'est mis à notre disposition d'une façon des plus cordiales et dont nous le remercions.

Nous ne nous arrêterons qu'un instant à Sévastopol pour en constater la ruine et déplorer encore une fois les conséquences terribles de la guerre. Et pourtant quel magnifique port c'était; quelle ville d'avenir ! On peut encore en juger par ses ruines.

Les ateliers de construction et de réparation de la Compagnie russe peuplent seuls ce port désert, dont la population est tombée de 40 à 50,000 qu'elle était en 1854 à 2,500 à peine.

De Sévastopol nous traversons toute la côte sud de Crimée, admirant la splendide végétation et le pittoresque de ce littoral, couvert depuis Baïdar jusqu'à Yalta de vignobles renommés, et nous nous embarquons dans ce dernier port, qui n'a aucune importance commerciale, pour aller jusqu'à Kertch.

Cette dernière ville, à l'entrée de la Mer d'Azoff, offre un assez bon refuge aux navires qui vont ou qui viennent de Taganrock et Rostoff–sur–Don.

En 1868, il y était passé plus de 100 steamers, et 2,153 navires à voiles.

Les importations et les exportations de Kertch sont relativement de peu d'importance ; elles se sont chiffrées en 1869 par :

à l'Importation	267,553	Roubles	1,070,212	Francs.
à l'Exportation	330,000	»	1,420,000	»

Les principaux articles importés sont les charbons et les machines.

La compagnie russe et d'autres compagnies de navigation à vapeur ont établi à Kertch leurs dépôts de charbons. En outre, les steamers étrangers qui vont dans l'Azoff viennent souvent s'y approvisionner.

L'exportation consiste principalement en grains, blés, lins, farines, etc., et aussi en sel, poisson salé, caviars et peaux d'oiseaux. Ce port semble perdre de son importance. L'industrie locale consiste principalement dans la pêche et dans la préparation du poisson salé et du caviar.

L'agriculture est négligée dans ce district et laissée aux seuls soins des Tatars et de quelques émigrés allemands qui viennent s'établir depuis plusieurs années dans la Russie du Sud.

Nous aurons plus loin l'occasion de reparler de l'avenir de l'émigration dans ces provinces.

Kertch possède un gymnase ou collége très important, qui voit chaque jour augmenter le nombre de ses élèves et qui fournit la Russie méridionale et jusqu'à la Russie d'Asie d'instituteurs qui vont porter la civilisation et l'instruction européennes dans ces pays encore neufs.

Poussant jusqu'au fond de l'Azoff, je dois vous entretenir, Monsieur le Ministre, d'un port qui prendra une importance sérieuse et rivalisera avec Odessa.

Moins bien placé que ce dernier au point de vue de la navigation, il offre cependant de tels avantages sous le rapport de la production que notre Marine et notre Commerce doivent aussi tourner leurs regards vers ce point.

A l'embouchure du Don, il est approvisionné par ce fleuve de toutes les récoltes de son si riche parcours, c'est assez dire que là aussi les céréales forment le plus gros chiffre de l'exportation.

Le commerce est le même que celui d'Odessa.

Beaucoup de navires affrétés de ce port à ordre dans la Manche vont porter principalement sur les marchés anglais et Nord allemands les récoltes des bords du Don.

La laine joue aussi un certain rôle dans l'exportation de ce port, elle est plus commune que celle de la Tauride ; nous la connaissons déjà sous le nom de Donskoye ; elle sert surtout à la fabrication des tapis de lisière et des draps très communs, elle va plus spécialement à Marseille ou à Londres, et cependant nos fabricants de Picardie et d'une partie du nord de la France en ont l'emploi et ne demandent qu'à en favoriser l'importation sur le Havre, qui est devenu le principal marché d'approvisionnement en laine du Continent.

Le Gouvernement Russe donne à Taganrock une sérieuse impulsion.

Depuis quelques années de grandes améliorations ont été entreprises, on y a construit un nouveau môle, établi une succursale de la Banque de St-Pétersbourg, en un mot on veut faire de Taganrock un entrepôt dans la mer d'Azoff et on y arrivera, tout y aidant.

On peut aisément le constater, du reste, par le relevé des exportations de blés seuls depuis 1864.

Dans cette année, on a exporté en Blé 12,132 Tonneaux
En 1865   »   »   12,496   »
 » 1866   »   »   15,381   »
 » 1867   »   »   17,373   »
 » 1868   »   »   21,132   »

Nous pourrions signaler la même progression sur chacun des autres produits de ce port, mais nous pensons que le blé, qui peut servir de base, suffit pour prouver ce que nous avançons.

Nous nous bornerons à marquer la différence en faveur de 1868 sur 1867 pour les expéditions de laines.

Quoique la consommation russe ait absorbé une grande partie de la production, on a exporté en 1867 2,700,000 kilogrammes de laines, et en 1868, 3,200,000 kilogrammes.

En résumé, en reprenant les années depuis 1865 dans leur ensemble, nous trouvons que les expéditions se chiffrent, y compris celles de Rostoff :

1865 par 72,539,750 Francs.
1866   83,962,825   »
1867   93,166,425   »
1868   146,930,000   »

Ce commerce, déjà si important, n'attend pour se développer encore que la construction du chemin de fer de Kharkoff, pour lequel on importe à Taganrock de nombreux ouvrages en fer, tels que rails, locomotives, machines et waggons.

Nous sommes heureux de dire en passant que ces fournitures sont faites en grande partie par la France, tout au moins pour les locomotives et les waggons.

A part ces importations de matériels, le port de Taganrock ne reçoit guère de produits européens, mais bien plus de provenance asiatique, les importations signalent également une progression pendant ces dernières années.

Le pavillon français se montre rarement dans le port de Taganrok, et dans l'état statistique de la navigation de l'embouchure du Don, nous ne le voyons même pas figurer d'une façon spéciale dans une quantité qui a été en 1868 de 1,359 navires, formant un total de 515,830 tonneaux.

Avant de terminer notre rapport sur cette intéressante ville, disons que la consommation du charbon y prend chaque jour un nouveau développement, grâce à l'établissement des chemins de fer, et elle fournira un fret d'aller avantageux aux navires qui voudront profiter des retours rémunérateurs qu'offre le nord de l'Azoff.

En sortant de cette ville et continuant vers l'est, le premier port que nous rencontrons digne de nous arrêter, est Soukoum Kalé. Ce n'est pas un bon refuge, car pendant l'hiver et les mauvais temps, les steamers qui viennent d'Odessa pour rejoindre les bateaux de correspondance de Poti, sont forcés de passer devant Souchoum pour aller s'abriter à Batoum, port plus au sud, qui offre plus de sécurité.

Je vais pour quelques instants abandonner les bords de la Ner Noire, dont je m'occupe depuis ma sortie du Danube, pour étudier un peu le splendide pays qu'on appelle le Caucase. Formée d'une quantité de nationalités diverses, cette partie de la Russie est encore à l'état le plus primitif, et c'est merveille, par exemple, de voir le progrès qui en opère la transformation chaque jour.

Pour aller de Souchoum à Zugdidia, capitale de la Mingrélie, nous avons traversé l'Abchasie ; là, pas de routes, pas même de chemins, des forêts vierges pour ainsi dire, une végétation plantureuse et toute primitive, la vigne à l'état sauvage montant le long des arbres, une nature d'une richesse incroyable, le tout malheureusement manquant de bras pour l'exploitation.

Pourquoi les émigrants allemands, suisses et mêmes français de l'est, au lieu de traverser l'Atlantique pour aller dans cette Amérique si vantée, où ils ne trouvent bien souvent que des déceptions, ne viennent-ils pas au Caucase, qui ne leur refuserait pas ses richesses.

Le gouvernement russe fait et fera tout pour les attirer, et ils seront amplement rémunérés de leurs peines par le profit qu'ils en tireront.

Je disais plus haut qu'il était merveilleux de voir au milieu de ce pays encore inhabité, pour ainsi dire, le progrès marquer ses étapes.

En effet, pendant que nous traversions les forêts de l'Abchasie, nous rencontrions de temps à autre d'immenses persées droites et régulières, c'était le télégraphe Russo—Indien qu'on finissait d'installer ; cette ligne, qui relie par terre l'Occident à l'extrême Orient, peut être considérée comme un travail digne de rivaliser avec les immersions des câbles transatlantiques et montre combien la Russie tient à rester à son rang dans le grand mouvement qui s'opère.

A part cette ligne télégraphique, on pousse activement la construction des routes, d'un chemin de fer, de tout ce qui peut en un mot faire de ce riche pays ce qu'il doit être.

Le gouvernement y fait faire, non—seulement les travaux qui peuvent contribuer à son bien-être matériel, mais encore y répand l'instruction et fait tout son possible pour élever le niveau social de ses habitants, en envoyant des enfants et des adultes dans des Gymnases pour revenir ensuite, au milieu des leurs, enseigner ce qu'ils ont appris.

L'Angleterre, toujours méfiante, s'efforce d'arrêter la marche constante de la Russie vers l'Inde. Qu'a-t-elle donc à craindre de la civilisation ? car c'est bien elle qui s'avance sous le pavillon russe.

Je ne sais pourquoi en France on présente presque toujours la Russie sous d'aussi sombres couleurs, pourquoi on la considère comme un des pays de l'Europe les moins préoccupés des progrès sociaux et politiques des peuples, et comme un pays privé de liberté et la redoutant.

Il faut cependant se rendre à l'évidence, et un gouvernement qui donne la liberté à soixante millions de serfs le même jour n'est pas un gouvernement despotique ; un gouvernement dont le premier soin après la conquête est d'instruire, n'est pas ennemi du progrès. Ces faits sont connus de tous, il ne convient donc pas de les nier.

Que l'Angleterre aide au contraire aux efforts de la Russie. Que ces deux grandes nations se donnent la main lorsqu'elles se rencontreront, qu'elles marchent de concert et les peuples entre la Mer Noire et la mer Caspienne d'un coté et l'Océan Indien de l'autre en profiteront.

Après avoir traversé la Mingrélie, l'Eméritie, nous nous sommes arrêtés pendant quelques jours à Contaïs, puis repartis pour Tifflis, le terme de notre voyage dans l'est.

Cette ville, qui compte une population de plus de 100,000 habitants, tant Russe, Georgienne, que Persane offre un caractère tellement particulier que je ne puis passer sans m'y arrêter un instant et parler un peu de sa physionomie avant de vous entretenir, Monsieur le Ministre, de son commerce et de son avenir au point de vue des intérêts français.

La vieille ville est complétement Asiatique : là rien n'est changé, telle aujourd'hui qu'elle était avant la conquête Russe, des rues étroites, mal-propres, une population remuante, criarde, des bazars, des caravansérails, des caravanes de chameaux apportant les produits de la Perse, et venant les échanger contre les manufacturés Européens, les cotonnades, les sucres, etc.

La ville neuve est toute occidentale ; de grandes et larges rues droites, bien percées, des boulevards, des jardins, des promenades, des maisons à l'Européenne, toutes les enseignes en français, une population calme et froide, en un mot un changement complet de pays, et là, bien plus encore qu'au Bosphore, l'Europe touche l'Asie.

C'est d'autant plus frappant pour nous, que, comme je l'ai dit plus haut, la ville neuve est tout-à-fait française d'aspect et de mœurs ; on n'entend pour ainsi dire parler que notre langue, on s'y croit bien plus près de Paris que dans certaines villes qui n'en sont pas à cent kilomètres.

Tifflis est déjà et deviendra le grand entrepôt entre la Caspienne et la Mer Noire, surtout lorsque le chemin de fer en construction, qui va relier ces deux mers sera terminé, soit dans deux ou trois ans.

Par sa position même cette ville approvisionne toute la Perse, à part la consommation locale qui est importante.

Les exportations de France pour Tifflis consistent en cotonnades, rivalisant avec les manufacturés de Manchester, les lainages bon marché, etc.

Par sa population Européenne Tifflis a l'emploi de nos articles de luxe, de nos soieries, de nos draps fins aussi bien que des communs, de nos liqueurs, de nos vins, nos cuirs et peaux fabriqués.

La bijouterie, les meubles, les effets d'habillements y trouvent un facile débouché.

Comme marchandises d'entrepôts, les cafés, les épices, les coloniaux de toutes sortes, les sucres en pain de 3 kilos à 3 kilos 10, la consommation étant habituée à ce poids, les bougies stéariques, etc., etc.

Tifflis peut nous envoyer les laines, les cotons, les poils de chèvres et tous les produits de la Perse et du Caucase, car ces produits sont nombreux.

Après les céréales, les bois et les articles que nous citons plus haut lorsque la voie ferrée et l'émigration auront apporté à cette riche province tout le contingent de producteurs qui lui est nécessaire, nous rencontrerons là une source sérieuse d'affaires.

Il faut d'abord que l'Agriculture y fasse de grands progrès, et nous n'aurons qu'à en constater les résultats dans quelques années pour nous fixer sur l'avenir, de plus le Caucase est riche en mines de toutes sortes, en carrières, en gisements.

On y trouvera l'argent, le cuivre, l'or même, d'après les études des Géologues qui ont apprécié cette contrée, la houille, l'anthracite, le pétrole, le granit et le reste.

Donc à part les produits végétaux et animaux, dont l'exploitation donne déjà de forts beaux résultats qui augmenteront, il y a là toute une nouvelle richesse Minéralogique et Géologique qu'il convient de ne pas passer sous silence.

Nous le répétons : ce qui manque au Caucase, ce sont les bras ; il suffira de faire connaître cette magnifique contrée pour qu'ils y affluent.

Alors Tifflis prendra une importance capitale et deviendra un entrepôt de premier ordre tant pour les produits de l'Asie que pour ceux de l'Europe, convenant à la consommation locale et persane.

Manquant jusqu'à présent de relations suivies sur les marchés Européens, la presque totalité des exportations de Tifflis va sur le marché de Constantinople et de là s'achemine, soit pour les ports de la Méditerranée, soit pour ceux de l'Angleterre.

Il y a cependant à Tifflis plusieurs comptoirs de maisons de Marseille.

Il convient que les exportations de la Transcaucasie viennent sur les marchés du Nord de la France où elles seront appréciées à leur valeur réelle par nos industriels.

Les laines sont généralement longues de mèche, d'une finesse ordinaire et convenant parfaitement à la fabrication des draps communs et des couvertures.

Les cotons, quoiqu'un peu courts, sont d'une bonne qualité, forts et blancs et la filature Normande, qui en a déjà essayé, s'en est bien trouvé.

Lorsque la facilité des communications permettra d'apporter ces marchandises à bon marché, à Poti, pour de là les exporter sur les ports Français, nous ne doutons pas que le Havre et tous les marchés de France ne finissent par recevoir leur part des productions du Caucase.

Il n'y a pas à Tifflis d'établissements de crédit proprement dit, les tirages se font par l'entremise des banquiers d'Odessa et de Constantinople qui achètent les traites et envoient des groups en contre valeur.

La principale monnaie employée dans les transactions avec les persans est le ducat d'Autriche au millésime de 1780 (Marie-Thérèse), qui vaut à peu près F. 5,80.

Les persans sont tellement habitués et apprécient tant cette monnaie, qu'on en fait encore frapper actuellement pour le commerce de Tifflis.

Tifflis possède une industrie de luxe que nous avons pu apprécier par les échantillons envoyés à l'exposition de 1867, la fabrication des armes.

Les ouvriers qui s'en occupent sont presque tous persans, et leur habileté est appréciée par tous les peuples du Caucase, qui sont experts dans cet art, car s'en est un véritablement.

Nous espérons que le commerce Français va diriger ses regards de ce côté et nous aimons à croire que la Compagnie des Messageries Impériales, qui a son service établi jusqu'à Trébizonde, le poussera jusqu'à Poti, au moment où ce port deviendra plus intéressant que jamais.

Pour que notre commerce prenne l'essor, que nous lui désirons, dans cette partie de l'Orient, il faudrait que, par des rapports de nos consuls et quelques-uns de nos compatriotes qui ne manqueront pas de la visiter, nos négociants soient tenus parfaitement au courant de tous les progrès qui s'y accompliront.

Qu'ils y envoient des agents pour connaître exactement les types des marchandises dont la vente y est facile, pour y conformer leur fabrication, établir des comptes de revient et prouver en un mot à tout ce pays que nous pouvons rivaliser avec n'importe quelle nation pour les produits manufac turés et qu'ils trouveront chez nous des débouchés fructueux et rémunérateurs pour leurs envois.

Avant de quitter le Caucase, nous devons dire que quelques-uns de nos compatriotes ont obtenu du Gouvernement Russe des concessions de terrain pour la culture de la vigne. Ces essais ont complètement réussi et nous pouvons citer les vins de Kakéti qui sont en état d'être comparés à nos bons crus ordinaires des côtes du bord du Rhône.

Ces essais entrepris, entre autre par le baron de Ligueil, seront continués et nous espérons que d'autres Français iront exploiter cette nouvelle source de richesse, lorsqu'ils la connaîtront.

Je ne veux pas traverser Poti sans dire quelques mots de cette ville, qui est en train de devenir un point important de la Mer Noire.

D'immenses travaux sont entrepris pour en faire un port de commerce, nous avons vu une magnifique jetée en fer due à des ingénieurs français ; des entrepôts s'élèvent, il y a là en un mot une perspective d'avenir, qui aidée par le concours du Gouvernement doit arriver à vaincre toutes les difficultés de la nature et faire de Poti avec Odessa et Taganrok, trois échelles des plus sérieuses de la Russie méridionale.

La première ville que nous trouvons en nous dirigeant vers le Sud est Batoum (Turquie d'Asie), bonne rade où les steamers qui ne peuvent encore arriver à Poti, à cause du peu de profondeur qu'offre l'embouchure du Rion, sont obligés d'attendre et les marchandises et les passagers.

C'est du reste une ville complètement morte et malsaine, et alors que nous l'avons visitée, elle était pour ainsi dire déserte, les habitants ayant fui à l'intérieur, à cause des fièvres paludéennes qui y sévissaient dans toutes leurs forces.

La ville la plus importante de la Turquie d'Asie, sur la Mer Noire et dont nous avons à nous occuper maintenant, est Trébizonde.

Son port offre un bon refuge aux navires qui fréquentent cette côte et peut être considéré comme un entrepôt assez sérieux des productions de la Circassie, de l'Arménie et de tout le pays compris entre la mer et la frontière de Perse.

Malheureusement les moyens de communication à l'intérieur manquent presque complètement et les longs, difficiles et onéreux transports qu'est obligée de subir la marchandise sont un entrave à la prospérité de cette échelle.

Cependant nous devons dire qu'une route entre Erzeroun et Trébizonde est en construction ; mais cela dure depuis bien longtemps déjà et on a dépensé pour cette route, qui doit compter environ 280 kilomètres, des sommes fabuleuses et 5 à 6 ans de travail.

Nous avons appris à Trébizonde que les travaux allaient enfin être poussés plus activement, et que sous peu cette artère amèncrait dans ce port la vie et l'animation qu'il doit en attendre, cette route va pour le moment jusqu'à Dalahor.

Les entrepreneurs ne sont du reste pas intéressés à l'activité des travaux, puisque le gouvernement turc leur fournit un subside annuel de 2,500,000 piastres autant que durera la construction.

Dans les derniers temps, d'après ce qu'on nous a dit, on s'est lassé de ces ralentissements et on a pris d'autres arrangements.

Contrairement à ce que nous avons vu dans les divers autres ports que nous avons visités, Trébizonde perd chaque année de son importance au profit de Poti et de Samsoon ; ainsi en 1867, les importations ont été de 225,237,392 piastres ou Fr. 46,920,300, et en 1868, elles sont tombées à 146,418,414 piastres ou Fr. 30,550,280, soit une différence en moins dans les importations de Fr. 16,369,920.

De leur côté, les exportations montaient en 1867 à 182,138,810 piastres, soit Fr. 42.995,400 et en 1868, elles tombaient à 118,850,088 piastres ou Fr. 23,760,425, soit une différence en moins pour 1868 de Fr. 21,234,975.

Cependant le port de Trébizonde est desservi par de fréquents steamers : ceux des Messageries Impériales françaises, Compagnie Russe de navigation, Lloyd Autrichien, Messageries Ottomanes et quelques Italiens.

Comme nous l'avons dit pour Poti et Tifflis, presque toute l'exportation va sur le marché de Constantinople, d'où les produits sont réexpédiés sur les divers ports de consommation.

Les principaux articles d'importation sont là comme au Caucase, les draps, les cotonnades, les calicots, les sucres, cafés, verres, mais peu d'articles de luxe, la population indigène étant exclusivement musulmane et ne sentant pas le besoin des produits de la civilisation occidentale.

Les exportations consistent en céréales, lin, cuirs et peaux de chèvres, cotons, laines, soie brute en balles et tabacs.

Il est certain que Trébizonde pourra reprendre de son importance, surtout avec les nombreux steamers qui la desservent, lorsque les routes dont nous parlions plus haut seront terminées, mais il convient néanmoins de dire que tout ce que Trébizonde perd maintenant au profit de Poti et de Samsoon, elle ne le retrouvera plus. La seule chose, qui rendra un peu d'importance à ce port, est le développement de la production que ne manqueront pas de faire naître les nouvelles voies en construction ; mais ce ne sera jamais qu'une importance locale en ce sens que si les seuls produits de Trébizonde et d'Erzeroum continuent à venir à cette échelle, tout le reste se dirigera sur Tifflis, en transit pour Poti, et sur Samsoon.

C'est surtout par Tifflis et Poti que se feront les exportations et les importations de et pour la Perse, grâce aux intelligents tarifs combinés de la Compagnie Russe de navigation qui, par son agence à Faurits, expédie sur tous les marchés Européens à des frets avantageux et avec connaissements directs.

Le port de la Turquie d'Asie dans la Mer Noire qui fait la plus grande concurrence à Trébizonde est sans contredit Samsoon, qui est devenu le principal entrepôt de la côte d'Inéboli, et fournit et reçoit tous les produits de et pour Marsivan, Amasia, Tokat, Sivas, etc., etc.

Nous constatons depuis 1860 une augmentation graduelle et continue des importations et des exportations par Samsoon et la culture en céreales et en tabacs semble se développer considérablement dans ce district.

La consommation des produits d'Europe prend aussi de l'importance et notre industrie trouvera là sous peu un débouché pour ses produits.

Il convient de dire que le marché de Constantinople sera longtemps encore le centre des transactions de l'Europe Occidentale et de la Turquie d'Asie, aussi bien à l'importation qu'à l'exportation, et c'est surtout sur cette dernière place que doivent porter tous nos efforts pour développer les rapports Français et lutter contre l'Angleterre, qui, comprenant tout l'avenir de l'Orient, ne néglige rien pour s'assurer une supériorité qui déjà forte deviendra plus tard, si notre initiative ne vient l'entraver, impossible à détruire.

J'aurai du reste l'honneur, Monsieur le Ministre, de soumettre à votre haute appréciation quelques observations sur les moyens à employer pour faire prendre à la France dans le Levant une importance commerciale pouvant se comparer à l'importance politique qu'elle y a déjà.

CONSTANTINOPLE. — Cette ville, une des plus populeuses de l'Europe, est loin d'être complètement musulmane. Tout son commerce, on le sait, est entre les mains des étrangers, grecs, arméniens, anglais, allemands, autrichiens, suisses, et quelques maisons françaises.

Les productions du sol des environs de cette capitale sont très restreintes et l'agriculture y étant négligée et peu favorable du reste, on ne doit considérer Constantinople que comme l'entrepôt général que sa position géographique lui assigne entre l'Europe et l'Asie.

Tous les navires se rendant à Galatz, Braïla, Odessa, dans l'Azoff, à Poti, Trébizonde, etc., passent par Constantinople et s'y arrêtant, y apportent une grande activité et une source de profits et pour les approvisionneurs et pour les affréteurs, car c'est de ce port que se nolisent presque tous les bâtiments devant aller prendre les produits des pays que nous venons de parcourir pour les ports de la Méditerranée et d'Angleterre.

Les steamers qui remplacent en grande partie les navires à voiles dans ces parages, comme ils les remplaceront partout dans un avenir prochain, ont créé sur ce point un commerce considérable de charbons, qui ne peut que se développer davantage, à en juger par la progression de la navigation à vapeur.

Ainsi en 1865 il est passé à Constantinople 105 steamers, formant un total de 163,342 Tonn.
      1866   »   »   227   »   »   168,892 »
      1867   »   »   417   »   »   284,068 »
      1868   »   »   720   »   »   463,078 »

Par contre, sans avoir diminué, la navigation à voiles est loin d'avoir fait de tels progrès ; ainsi en 1865, le nombre des navires à voiles était de 1,342, formant un tonnage de 404,196 tonneaux, et en 1868, il était seulement de 1,577 navires, formant 487,863 tonneaux.

Les steamers desservant Constantinople sont les Messageries Impériales, la Compagnie Russe de navigation, le Lloyd autrichien, la Compagnie Ottomane, une Compagnie Italienne, les steamers Marc

Fraissinet et Ce, les steamers Anglais réguliers pour le Levant et la Mer Noire, etc., etc.

Là comme dans tout le Levant, le pavillon français, pour les navires à voiles, est peu représenté, et presque toute cette navigation se fait sous pavillons hellénique, italien, allemand et anglais.

Pour parler de 1869, par exemple, il n'est passé à Constantinople que 27 navires français à voiles, tant à l'aller qu'au retour, sur environ 1,900 navires de tous pavillons.

Il est vrai que l'année dernière a été peu favorable aux armateurs et aux affréteurs en Orient, à cause des bas prix des céréales, principalement sur les marchés de consommation, et de la mauvaise récolte de quelques pays producteurs comme la Roumélie.

Le commerce d'importation en a ressenti le contre-coup naturellement, mais il y a lieu de croire que l'avenir sera plus favorable (1).

Les frets de 1869 ont varié pour l'Azoff entre 45 à 67 shillings st. par tonneau de suif, pour Odessa et Nicolaïeff entre 30 à 52 par tonneau de suif (la différence entre Odessa et Nicolaïeff étant à peu d'exceptions près de 2/6 à 3 par tonn.), pour le Danube (Galatz et Braïla), de 7/ à 10/6 par Impérial quarter (le Impérial quarter vaut kil. 54 env.), Sulina, de 5/3 à 8/, impérial quarter, Kustanje, 5/ à 7/6. De Varna et autres ports de la Turquie d'Europe, l'exportation a été très minime et peu de navires ont été nolisés, même aux bas frets de 5 à 6/6. De Poti quelques chargements de *Indian Corn* ont payé 6/, 7/6 à 8/ par impérial quarter.

La hausse sur les frets a été successive depuis le mois de Mai jusqu'au mois d'Octobre, quand tout-à-coup les mauvaises nouvelles des marchés européens ont arrêté les expéditions de blé et fait baisser les nolis, par suite de la grande quantité de navires qui se trouvaient en ce moment rassemblés dans la Mer Noire, c'est avec peine qu'on obtenait alors 30/ par tonneau.

---

(1) Nous avons gardé pour Constantinople les cours moyens des frets pour les navires à voiles dans toute la Mer Noire et le Danube, parce que c'est de cette place que s'affrètent presque tous les navires devant porter les produits de ces ports dans l'Océan, et qu'en les réunissant ici nous pouvons soumettre un ensemble plus facilement appréciable de ce qu'il y a à faire en Orient pour notre Marine marchande.

Tous ces prix sont entendus des ports d'expédition à ordre dans la Manche.

Le port de Constantinople nécessite de grandes améliorations, tant au point de vue naturel qu'à celui de l'ordre et de la police.

Les capitaines de diverses nations que nous avons été à même d'entendre chez quelques-uns de nos amis affréteurs, se plaignent de l'absence de surveillance pour les mouvements, et il est certain que les consulats européens doivent prendre les mesures nécessaires pour arriver à un meilleur état de choses.

Puisque nous parlons des améliorations à apporter, disons de suite que les bâtiments de la Douane ne sont pas dignes de Constantinople, et que par leur mauvais état, ils portent un tort immense à tout le commerce de cette ville.

Cet entrepôt, comme nous l'avons dit, importe tous les produits fabriqués d'Europe, cotonnades, calicots, draps, couvertures, effets d'habillements, sucres, verres à vitre, ouvrages en fer, cuirs ouvrés, articles de luxe, etc., etc. En outre, il tire des ports européens toutes les marchandises exotiques, telles que cafés, cuirs bruts, bois d'ébénisterie, etc., etc.

Les principales transactions se font avec l'Angleterre, l'Italie, Trieste et Marseille.

Les exportations de Constantinople sont considérables et consistent principalement en céréales, graines de toutes sortes, cotons des provinces d'Asie, laines, soies, poils de chèvres, tabacs, etc.

Le commerce de Constantinople se fait, comme nous l'avons dit, par des Maisons étrangères, et comme les monnaies turques sont peu employées par elles dans leurs transactions, ces maisons établissent généralement des prix franco à bord aux conditions européennes, suivant le désir de l'acheteur.

Les remboursements se font le plus habituellement en traites à trois mois sur Paris ou Marseille pour les acheteurs français, avec un change de 2 à 5 0/0, lequel change est calculé dans le prix franco à bord, offert par l'expéditeur.

La production de la Turquie d'Europe entre pour peu de choses dans ce mouvement jusqu'à présent; mais il est certain qu'elle va s'augmenter considérablement par la création des chemins de fer, création décrétée, qui doivent relier la capitale au réseau européen d'ici trois ans.

Dans cinq ans, les embranchements de Varna dans la Mer Noire, Salonique et Enos dans la Mer de l'Archipel, doivent être livrés, et dans sept ans tout le réseau doit être terminé.

Il est facile de comprendre tout l'avenir de ces provinces par la construction de voies ferrées ; c'est une transformation complète que va subir le pays, tant au point de vue moral qu'au point de vue matériel, et pour donner une idée des profits qui en résulteront, je ne puis mieux faire que de rapporter une conversation que j'eus lors de mon séjour à Constantinople avec Kabouli-Pacha, ministre du Commerce. Il me disait que tel terrain qui valait à Varna ou dans les environs, quarante par exemple, ne valait plus que huit à une distance de 50 kilomètres; c'est-à-dire que les dépenses nécessitées pour amener la récolte dans un port d'expédition, entrent pour les trois quarts, sinon les quatre cinquièmes dans le prix de vente.

La Turquie, nous devons le dire, semble vouloir se mettre au courant du grand progrès de cette époque, et nous ne citerons à l'appui de cette assertion que la loi toute récente de la gratuité et de l'obligation de l'Enseignement.

Il est vrai que les efforts intelligents ont là à lutter contre tout un passé de routines et de fanatisme, mais le résultat n'en sera que plus beau.

Les ports de Salonique, d'Enos, sont aussi appelés à un grand avenir.

Le premier est desservi par les Messageries Impériales et le Lloyd Autrichien.

Par la création des routes qui sont en ce moment assez avancées, entre autres celles allant à Monastire, à Serres et entre Vodona et Yenidje, et surtout par la construction du chemin de fer, cette ville deviendra le principal entrepôt de toute la Roumélie, en ce sens que les navires préféreront aller charger à Salonique qu'à Constantinople.

Enos sera à peu près dans les mêmes conditions, et les exportations de céréales, de cotons, de laines, etc., doivent aussi attirer sur ces marchés l'attention des négociants français.

Le perçement de l'isthme de Corinthe doit faciliter singulièrement les relations de ces deux entrepôts avec l'Occident, et nous ne doutons pas que sous peu on reconnaisse le fondé de notre appréciation.

Il se créera là aussi un débouché sérieux des produits français, tant pour les manufacturés que pour les produits bruts, et tout fait désirer que des lignes de steamers, desservant Constantinople et le nord de l'Europe, ne tardent pas à faire escale à Salonique et à Enos.

Après avoir vu l'avenir commercial de la Turquie, et avant de revenir sur l'ensemble de nos observations pour les juger au point de vue français, nous devons nous occuper de Syra et de la Grèce.

Je regrette, Monsieur le Ministre, que mes sentiments philelléniques et ma position m'imposent une certaine réserve dans mes appréciations sur cet intéressant pays, pour n'être pas suspecté de partialité ; je vais donc me borner à rapporter ce que j'ai vu, ce que chaque touriste peut voir, ce qui en un mot est tellement évident qu'il n'y a pas de discussion possible et que les gens de bonne foi se plaisent à reconnaître sans conteste.

SYRA. — Cette ville est la plus importante de Grèce, après Athènes, ses relations s'étendent de l'Inde à Liverpool, de Marseille et Londres à New-Orleans; c'est le premier entrepôt de l'Orient, le point d'approvisionnement de la côte de Syrie et de la Turquie méridionale.

Elle tire de France les manufacturés, cotonnades, ouvrages en fer, machines, les sucres, les cafés, les cuirs bruts. etc. ; d'Angleterre, les manufacturés et les charbons.

Syra est la ville la plus commerciale de l'Orient ; l'île ne produit rien, ou presque rien pour la réexportation, mais elle reçoit, tant des îles de l'Archipel que de l'Asie, les produits, bruts de toutes sortes, qu'elle réexpédie sur toute l'Europe. Ces produits sont : les émeris, les marbres, les minerais, les éponges, en un mot, tout ce que nous envoie le Levant.

Comme armement ce port est un des premiers de la Méditerranée, et nous ne croyons par exagérer en lui comptant quatre mille voiles qui portent le pavillon du pays dans toutes les mers du monde.

Syra, comme nous le verrons plus loin, ne se contente pas de son commerce maritime ; elle s'est créé une industrie de premier ordre.

C'est un peu grâce à sa marine importante que cette ville doit d'être ce qu'elle est aujourd'hui ; mais, c'est surtout grâce à l'activité infatigable de ses habitants, à leur intelligence, et, disons-le, à leur patriotisme.

On pourra nous objecter que le patriotisme est incompatible avec les intérêts mercantiles ; qu'il faut laisser à ces derniers l'importance que les Syriotes ont donnée à leur ville ; nous maintenons le contraire. Certes, nous ne voulons pas dire que le commerce et la marine de Syra ont été créés dans un seul but ; mais, il est certain que par cette marine et ce commerce la Grèce a conquis la première place en Orient : c'est à elle, c'est à son commerce, c'est à sa marine, qu'appartient tout l'avenir de ce pays.

Dans le cours de notre voyage, nous avons vu des colonies grecques des plus importantes, Galatz entre autres ; les ports de l'Occident : Liverpool, Londres ; les ports de la Russie méridionale, Odessa ; en Amérique : New-Orleans, New-York ; aux Indes, Bombay, Madras, comptent un grand nombre de citoyens Hellènes, qui jamais n'oublient la mère-patrie, et nous prouvons leur patriotisme en disant qu'ils ne cessent de venir de loin au secours de leurs frères malheureux, que leurs cœurs sont toujours ouverts là où un progrès est utile ; c'est à eux et à leurs compatriotes aisés restés sur le sol natal que l'on doit les nombreux établissements de bienfaisance et d'instruction fondés dans toute la Grèce.

Nous nous réservons, du reste, de revenir plus loin sur les progrès qu'a faits la Grèce en général et sur l'ensemble de la position qu'elle a su conquérir. Continuons à nous occuper de Syra.

Cette ville est rattachée au Continent par de nombreuses lignes de steamers, les Messageries Impériales, le Lloyd Autrichien, la Compagnie Russe de navigation, les Steamers Français, de nombreux Steamers Anglais, une Ligne Belge, etc.

Elle compte plus de 35,000 habitants, et, ce qui en fait un véritable sujet d'admiration pour l'observateur, c'est qu'elle date de moins de 40 ans.

Ainsi l'ancienne Syra, perchée sur un rocher, avait à peine 6,000 habitants, qu'elle possède encore du reste, quand à ses pieds on a créé Hermopolis, la Syra moderne, qui brille par ses établissements de bienfaisance, ses écoles, ses usines, ses chantiers de construction, ses forges, son commerce et sa marine.

Quoique l'île de Syra n'exporte pas de produits du sol, elle a su, par son industrie, comme nous le disions plus haut, se créer des rapports dans tout l'Orient, et il convient de passer en revue les nombreuses usines qui donnent tant d'importance à ce port.

D'abord ses chantiers maritimes, fort bien installés, occupant près de 3,000 ouvriers, qui livrent à toute la navigation grecque ces navires si peu coûteux relativement, que nous voyons rayonner partout. On calcule la construction maritime à Syra à 250/260 drachmes par tonneau pour les navires de 50 tonneaux ou au-dessous, et de 250 à 200 drachmes pour les navires de 60 à 400 tonneaux.

Cinq minoteries très importantes reçoivent le froment des ports de Salonique, d'Enos, de l'Asie, de l'Azoff, etc., etc., et réexpédient leurs farines dans tous ces pays.

Une fonderie de canons, une fabrique de machines à vapeur rivalisant avec celles d'Angleterre et de France, comme installation, quoique sur une moindre échelle.

Six tanneries des plus importantes, occupant ensemble plus de 1,000 ouvriers, préparent annuellement 150,000 cuirs bruts, venant des entrepôts de Marseille, du Havre, d'Anvers, de Londres et de Liverpool. Syra possède en outre des savonneries importantes et bien d'autres fabriques encore qu'il serait trop long d'énumérer.

Le percement de l'isthme de Corinthe donnera, croyons-nous, une nouvelle importance à ce port, rapprochant cette île de l'Occident.

En outre, nous pensons que le canal de Suez est appelé à lui faire jouer un rôle tout nouveau.

En effet, à part quelques lignes de steamers qui iront le plus directement possible et sans escale pour ainsi dire de France, de Gibraltar, de
Trieste et d'Italie à Suez, il s'en créera d'autres qui exploiteront les différents ports importants de la Méditerranée et qui, partant de Marseille, par
exemple, s'arrêteront sur la côte d'Italie à Messine, traverseront le canal de
Corinthe pour déposer à Syra les marchandises à destination de Constantinople, Salonique, etc., pour aller ensuite par la côte d'Asie jusqu'à
Alexandrie.

Syra se trouve sur la route directe que devront suivre ces steamers, et
nous pouvons dire que non–seulement le canal de Corinthe sera par lui-
même un grand bien pour l'île dont nous nous occupons, mais encore
il la fera profiter des avantages que semble lui réserver le canal de Suez.

Nous serions heureux de voir nos industriels français se créer des
relations dans ce port. Leurs produits lutteraient contre les produits
anglais et ils trouveraient là un débouché des plus sérieux.

Après Syra et sans vouloir nous arrêter à chacun des ports de la Grèce,
il convient cependant d'apprécier le Pirée.

On a peine à s'imaginer qu'en 1835 rien n'existait à la place qu'occupe
aujourd'hui cette ville, une des plus importantes du royaume, tant au
point de vue commercial qu'au point de vue industriel.

Ce port, aujourd'hui complètement nettoyé, déblayé d'une grande quantité de blocs de pierre qui l'obstruaient, reçoit les steamers les plus grands
et d'un fort tirant d'eau ; à part les bateaux des Messageries Impériales, qui
y font escale, les steamers correspondants du Lloyd qui amènent de
Syra les passagers et les marchandises, le Pirée donne constamment l'hospitalité aux navires de la station navale française, et aux bâtiments russes
et anglais qui, avec la flotte royale, donnent une grande animation à sa
rade.

C'est véritablement le port d'Athènes relié avec la capitale par un chemin de fer, établi en 1868 et qui donne lieu à un échange très sérieux de
produits, au grand avantage de ces deux villes.

Notre mission ne comporte pas d'étudier particulièrement Athènes, et
nous devons nous borner aux ports que nous traversons.

Nous disons donc que le Pirée est le principal entrepôt d'importation et d'exportation pour la consommation et la production helléniques.

L'exportation consiste surtout en plombs, scories, valonia, coton, cocons, vins, raisins, peaux de moutons, laines brutes, olives et tabac.

L'importation comporte : les graines, cotonnades anglaises et françaises, sucres, charbons, riz, café, cuirs et peaux bruts et préparés, ouvrages en fer et en fontes, etc.

Le trafic de ce port semble augmenter chaque année, et sans devoir jamais rivaliser avec Syra, le Pirée doit sérieusement fixer notre attention.

C'est surtout par son industrie que brille cette ville ; car elle possède plusieurs minoteries très importantes, une fabrique de machines et d'ouvrages en fer, une fabrique de soie, des filatures de coton, des fabriques d'huiles, savonneries, etc., etc.

La population du Pirée est actuellement de 10,000 habitants; elle n'était en 1867 que de 6,500 à peine.

Nous ne pensons pas que ce port gagne beaucoup par le percement de l'Isthme de Corinthe; mais il gardera toujours son importance, et s'il ne progresse pas autant que le feront Syra, Corinthe, Calamaki, etc., sa position près de la Capitale lui assure son avenir.

Comme nous l'avons dit précédemment, nous n'avons pas l'intention d'examiner un à un les ports de la Grèce, nous nous contentons, après Syra et le Pirée, de citer les villes maritimes de Spitzia, Nauplie, Coron, Patras, Corinthe sur le Continent, les ports de Naxos, Thira, Hydra, Chaclcis dans l'Archipel et arrivons de suite à étudier la Grèce dans son avenir, jugé d'après son présent.

Qu'était ce pays avant son indépendance, presque rien ; qu'est-il aujourd'hui, quels progrès a-t-il faits, voilà ce qu'il convient d'établir, ce qu'il convient surtout de rappeler ; car on paraît trop disposé à l'oublier en Occident.

Je prendrai une autorité plus compétente que la mienne pour résumer ces progrès, celle du colonel Em. Manitaki ; je me contente de lui emprunter ce qui suit :

« Comme preuve du développement énorme qu'a pris la Marine Marchande de la Grèce, disons qu'il y existe en fonctions 31 Compagnies d'Assurances, dont 17 à Syra, au capital de 6 millions, 10 à Patras, 3 à Athènes, 1 à Hydra.

» En récapitulant ce qui tend à prouver que la Grèce n'est pas restée stationnaire dans la voie du progrès on trouve :

» 23 villes détruites pendant la guerre et reconstruites entièrement à neuf, sur les plans d'alignements dressés *ad hoc*.

» 10 villes nouvellement fondées sur des emplacements où avaient existé des villes anciennes disparues, ou sur des emplacements nouvellement choisis.

» 5,000 navires marchands, qui portent le pavillon hellénique dans tous les ports du monde.

» 460 kilomètres de routes nationales construites.

» 16 ports en réparation ou en construction, l'Euripe élargi et rendu navigable ; une capitale de 45,000 habitants qui est certes une des jolies viiles de l'Orient.

» Un budget de recettes quadruplé, et une population doublée !

» Que celle des nations européennes qui a fait mieux que la Grèce, dans le même laps de temps, et surtout en partant d'aussi bas, lui jette la première pierre ! »

Voilà ce qu'a fait la Grèce. Voyons un peu maintenant ce qu'elle va faire.

En première ligne, citons le percement de l'Isthme de Corinthe, travai concédé maintenant, qui ne tardera pas à être un fait accompli.

L'Isthme entre Corinthe et Kalamaki n'a pas plus de six kilomètres, il offre un sol de roche dont la mine aura facilement raison ; donc résultat assuré et prochain.

Nous avons déjà dit de quelle importance était pour tout le commerce de l'Archipel la création de ce canal, nous n'avons pas à y revenir. Il donnera à toute la côte hellénique une animation et une vie qu'elle a perdues depuis bien longtemps.

Nous ne pouvons, du reste, pour résumer l'histoire et l'influence de ce canal, mieux faire que citer l'article qui a paru au *Journal Officiel* du 12 novembre dernier :

« Un projet de loi, concernant le percement de l'isthme de Corinthe, va occuper les délibérations du Parlement hellénique.

» L'isthme qui doit son nom à l'antique Corinthe est, on le sait, cette étroite langue de terre qui, située entre le golfe de Lépante et le golfe d'Athènes, relie la Morée à la Grèce continentale. Obstacle naturel au libre parcours entre les deux mers, l'Adriatique et l'Archipel, il force tous les navires, venant des côtes de France, d'Italie et d'Autriche, à doubler le cap Matapan, lorsqu'ils se rendent aux échelles du Levant; au Pyrée, le port d'Athènes; à Syra, point central de l'Archipel, où viennent journellement se croiser les bateaux à vapeur qui font le service des côtes de la Turquie, d'Asie Mineure, de Syrie et même d'Egypte; à Smyrne, où aujourd'hui encore les caravanes nombreuses de l'intérieur de l'Asie, de la Perse, apportent les riches produits de ces contrées lointaines; à Salonique, célèbre par ses tabacs; à Constantinople; enfin à tous les comptoirs de la Mer Noire qui approvisionnent de leurs blés une grande partie de l'Europe centrale.

» Percer l'isthme de Corinthe, joindre ainsi les deux mers, serait donc ouvrir une nouvelle et utile voie à la navigation.

» En effet, passant directement par le golfe de Lépante et le canal de Corinthe, les navires venant de Marseille, de Gênes, de Naples, de Messine, à destination du Levant, éviteraient quatorze heures d'une traversée souvent dangereuse; ceux de Brindisi, d'Ancône, de Trieste, vingt-quatre heures.

» De Patras, une des villes principales de Grèce, située au nord-ouest de la Morée, à Heapoli, la nouvelle Corinthe, le golfe de Lépante est bien abrité sur tout son parcours, et d'une navigation facile; déjà les bateaux à vapeur de la Compagnie Hellénique y font un service régulier, entre

Corfou, Patras et Heapoli ; il suffirait de le bien baliser pour que le trajet présentât toutes les conditions de sûreté nécessaires.

» Du côté de l'Archipel et de la baie de Kalamaki, au fond du golfe d'Athènes, d'autres navires de la Compagnie Hellénique viennent régulièrement aussi prendre les voyageurs et les marchandises qui, partis d'Angleterre, de France, d'Italie, d'Allemagne, par la voie de Corfou, ont traversé l'isthme par terre et se rendent à Athènes.

» Ainsi, de chaque côté de l'Isthme, il existe, sinon des ports, tout au moins des baies profondes et sûres où mouillent journellement des bâtiments d'un fort tonnage.

» L'heureux résultat obtenu à Suez par M. de Lesseps a de nouveau suggéré l'idée de percer l'Isthme de Corinthe ; je dis de nouveau, car déjà, au temps de Néron, cette entreprise avait eu un commencement d'exécution.

» Substituer à une navigation longue et difficile une autre plus courte, plus sûre, et par là faciliter le commerce du Levant, source de tant de richesses, telle était l'idée des anciens.

» Le peu de difficultés que présentait l'entreprise les avait certainement aussi portés à la tenter.

» De Heapoli à Kalamaki, en effet, points extrêmes de l'Isthme, et qui seraient le Port-Said et le Suez du nouveau canal, on compte moins de cinq kilomètres. Avec les moyens que l'on possède, et après les gigantesques travaux dont nous venons d'être témoins en Egypte, une aussi faible barrière peut-elle aujourd'hui arrêter longtemps l'essor d'un commerce aussi important que l'est celui du Levant ? Ici le sable, la grande, la terrible difficulté du canal de Suez n'existe pas ; on se trouve au contraire en présence d'un terrain offrant une certaine résistance, et à travers duquel la mine ouvrirait vite un passage.

» Une fois l'œuvre achevée, cette résistance même des terres assurerait au travail une solidité qui réduirait de beaucoup les dépenses d'entretien.

» Sans compter les nombreux bâtiments à voiles et à vapeur venant de la Mer Noire, de Turquie, d'Asie Mineure et qui, sinon toujours, du moins en cas de gros temps, fréquents dans ces parages, passeraient certainement par le canal de Corinthe, la Compagnie qui entreprendrait le percement de l'Isthme serait assurée de voir ses eaux sillonnées par tous les navires des Messageries Impériales, de la Compagnie Fraissinet de Marseille, des Compagnies Italienne, Hellénique, du Lloyd Autrichien.

» Quant aux dépenses, au dire des ingénieurs, elles ne s'élèveraient pas à plus de 12 millions.

» Une fois les difficultés écartées, difficultés naturelles, faciles à vaincre, on se trouve en présence d'un résultat désirable à tous les points de vue. »

Voilà ce que disait le 12 Novembre dernier un écrivain au courant de la question.

Aujourd'hui la loi dont il parle a été votée et la concession est donnée.

C'est un grand pas en avant, impossible à nier, que fait la Grèce en créant ce canal, et félicitons-nous en passant que la concession en ait été faite à des Français.

Une autre entreprise, qui ne doit pas avoir de résultats moindres que le percement de l'isthme de Corinthe, vient de se créer: il s'agit d'une Société se proposant de dessécher le lac Copaïs, et d'exploiter ce terrain par des cultures de coton principalement.

Personne n'ignore les bonnes conditions du sol de la Grèce pour ce genre d'exploitation, et en particulier de celui des environs de Livadie.

Arrosés par l'Hercyne, ces terrains d'alluvions sont d'une fertilité extraordinaire, et l'agriculture y a pris par la force des choses son plus beau développement; les arbres fruitiers y croissent en abondance, on y remarque les amandiers, les pêchers, les abricotiers, les poiriers, etc. La partie inférieure de la vallée peut être considérée à bon droit comme une des terres les plus fertiles du monde; la culture de la garance y fait de rapides progrès et il en est de même de celle du coton. C'est des bords du Copaïs que viennent les cotons dont nous avons vu les types à l'Exposition universelle de 1867, où ils ont obtenu la médaille d'or.

La Société dont nous parlons a obtenu du Gouvernement Hellénique la concession du lac et de tout le terrain compris dans le périmètre des inondations ordinaires, soit une superficie d'environ 25,000 hectares, dont 8,000 sont donnés en toute propriété à la Société et le reste concédé pour 99 ans.

L'exploitation se trouvera rattachée aux deux ports de Larymne et d'Antecyne, dont le premier n'est qu'à 6 kilomètres, par des chemins de fer, qui seront installés aussitôt que les travaux de desséchement commenceront.

La Société a également obtenu dans ces deux ports des concessions de terrain, pour y créer les établissements dont elle aura besoin pour recevoir, emmagasiner, embarquer et expédier les nombreux produits des riches plaines qu'elle exploitera.

Quoique donnant une grande place à la culture du coton, là ne se borneront pas les efforts de la Société du Copaïs : elle cultivera le tabac, dont la qualité est déjà très appréciée, la garance et peut-être même la canne à sucre.

La fertilité des environs du lac Copaïs vient évidemment du système naturel d'arrosage et des inondations. Aussi tout en rendant à l'agriculture l'emplacement du lac, en le desséchant, la Compagnie a bien l'intention de ne pas bouleverser autrement le régime hydraulique du pays, mais seulement de conduire les eaux par un système de canaux circulaires et d'utiliser ainsi les rivières le Melas et le Cephyte, qui aujourd'hui alimentent lo lac.

Ce système d'arrosage par les canaux est tellement prévu par la Société, qu'elle se propose de joindre aux différentes cultures dont j'ai parlé plus haut celle du riz, qui a, croyons-nous, de grandes chances d'y réussir.

Nous sommes doublement heureux de la création de cette Société, pour la Grèce d'abord, à laquelle elle va ouvrir une source de profits en même temps qu'elle procurera au peuple de ce pays une aisance dont il a grand besoin ; puis pour la France, puisque, proclamons-le bien haut, pour répondre à ces reproches d'indifférence et de manque d'initiative qu'on nous adresse trop souvent, puisque, disons-nous, cette Société est française.

Nous aimerions voir quelques-uns de nos négociants et industriels étudier plus à fond que nous n'avons pu le faire l'avenir qu'offre cette Compagnie, demander tant aux consuls de France qu'à la légation de Grèce des renseignements sur la fertilité du pays concédé ; juger des avantages qu'ils pourraient en tirer, et s'intéresser à cette entreprise, s'il y a lieu.

Pour notre propre compte, d'après ce que nous avons vu et surtout ce que nous avons appris, nous avons une grande confiance dans sa réussite.

Nous voudrions que le Havre, le port du pays le plus industriel de France, profitât des avantages de cette création, et nous nous plaisons à croire que notre espoir et notre désir ne seront pas déçus.

Pour ne parler que des cotons, nous savons que la filature de Manchester apprécie depuis longtemps ceux des provenances grecques ; donc, au moment où cet article va prendre dans la production une extension considérable, il est urgent que nous ne laissions pas à nos voisins le monopole de son exploitation et que nous profitions de l'initiative de nos compatriotes, au lieu d'en abandonner les avantages à d'autres.

Mais ces Compagnies du Copaïs et de l'isthme de Corinthe ne sont pas les seules dont nous ayons à parler.

La Compagnie Hellénique, pour l'exploitation des mines de la Grèce, vient de doubler son capital pour donner à cette branche tout le développement qu'elle comporte.

Les richesses minérales de Grèce doivent aussi attirer l'attention de nos industriels. Tournons donc nos regards vers cette magnifique contrée ; habituons-nous à seconder les efforts de ces gens intelligents qui veulent faire connaître leur patrie et la faire apprécier.

Nos études ne nous ont fait connaître la Grèce que par son passé ; ne perdons pas de vue le présent et surtout le côté pratique et matériel, sans lequel rien n'est possible aujourd'hui.

Jugeons son génie commercial, non seulement chez elle, mais encore à l'étranger, représenté qu'il est par ses nombreux nationaux, à la tête d'établissements de banque et de commerce des plus importants d'Europe, par ses relations dans tous les pays du monde.

Apprécions sa puissance maritime par la grande quantité de ses navires, qui portent son pavillon sur tous les points du globe.

Reconnaissons les progrès que fait chaque jour son agriculture.

Le raisin, le coton, le mûrier, la garance créent et créeront à la Grèce des sources de profits inépuisables.

Et enfin ne perdons pas de vue que ses mines et ses carrières, encore inexploitées pour ainsi dire, vu leurs richesses, doivent placer ce pays au premier rang parmi les producteurs.

Les marbres de Paros, du Pentélique, l'émeri de Naxos, le lignite de Koumi, le gypse de Milo, la chromite d'Eubée, les scories de plomb argentifères,etc., sont autant de produits que l'industrie française s'habituera à aller chercher sur cette terre classique.

Admirons encore et surtout le patriotisme de ces citoyens qui ont su faire de leur patrie ce qu'elle est aujourd'hui, dans un espace de temps relativement aussi court, grâce à leur persévérance, à leur dévouement et à leur intelligence.

Nous quittons la Grèce sans nous arrêter à Corfou, autrement que pour en citer le climat et la merveilleuse fertilité si connus, qui en font un véritable paradis terrestre.

Nous arrivons à Brindisi, qui mérite une mention spéciale et doit fixer notre attention, pour apprécier autant que possible l'avenir qui lui est réservé par suite de l'ouverture du canal de Suez.

Sans vouloir en aucune façon étudier le commerce de l'Italie, étude que je n'ai pas eu le temps de faire lors de mon retour, il m'est cependant impossible de passer sous silence ce port de création toute récente, qui est appelé à jouer un rôle dont on est généralement loin de se douter en France.

Relié au Continent européen par les chemins de fer italiens, dont Brindisi est la tête de ligne, c'est là que se concentrera tout le transit des Indes pour l'Italie d'abord, et ensuite pour une grande partie de l'Allemagne.

En 1863, le nom de cette ville ne paraissait même pas dans le relevé des Douanes Italiennes. Ce port, parfaitement situé du reste, ne servait guère de refuge qu'aux petits bâtiments italiens et grecs faisant le trafic dans l'Adriatique.

Le gouvernement Italien comprit vite, alors que les travaux du Canal de Suez ne laissaient plus de doute sur le résultat de l'entreprise, alors qu'on avait créé depuis 1859 des chemins de fer qui réunissaient l'Italie à tout le Continent, comprit, dis-je, tout le parti qu'il y avait à tirer de Brindisi ; aussi commença-t-on immédiatement d'importants travaux pour faire de son port un abri et un refuge pour tous les bâtiments qu'il était appelé à recevoir.

On fit venir des ouvriers de tous côtés, on bâtit des quais, installa des phares, dragua la rade, et aujourd'hui cette ville peut prendre place au premier rang des ports Italiens dans l'Adriatique.

Sa population, qui en 1863 était à peine de 12,000 âmes, en compte maintenant plus de 30,000, et encore a-t-elle été arrêtée dans son essor par le choléra qui décima toute l'Italie Méridionale en 1868.

Il ne faudra pas chercher dans Brindisi autre chose qu'une place de transit ; son importation ne dépassera jamais la consommation du district même, et son exportation ne sera jamais bien importante, le port de Naples accaparant à peu près toute la production de cette partie de l'Italie.

Mais Brindisi supplantera cependant Bari et tous les ports Italiens Septentrionaux de l'Adriatique pour leurs affaires avec la France et l'Angleterre.

Brindisi recevra les malles des Indes, qui amèneront dans cette ville une grande et continuelle activité. Les marchandises précieuses telles que les soies transiteront par ce port ; il s'y créera peut-être même un marché d'entrepôt pour les produits de l'extrême Orient, et cette ville sera surtout un port d'ordre pour les navires arrivant d'Asie.

Comme je vous l'ai dit, Monsieur le Ministre, je ne veux pas m'étendre sur les ports de l'Italie, et je terminerai ici les notes de mon voyage.

J'aurai donc parcouru la rive Roumaine du Danube, la côte de la Russie dans la Mer Noire, l'Azoff, le Caucase jusqu'à la Caspienne, la côte d'Inéboli, la Turquie d'Europe, Roumélie, la Grèce et Brindisi.

D'après ce que j'ai pu voir dans ce voyage, il y a encore beaucoup à étudier pour la marine et le commerce français sur la côte d'Asie Mineure, peut-être aurai-je l'occasion de faire ce voyage plus tard.

En tous cas, je vais résumer mes notes, Monsieur le Ministre, par quelques appréciations que je recommande tout d'abord à la haute bienveillance de Votre Excellence.

Je vais essayer de dire quelle influence aura l'ouverture du canal de Suez, sur les Rapports commerciaux entre le Nord de la France et le Levant, et ensuite d'analyser les différentes améliorations et créations qui pourraient développer les rapports entre les deux pays et assigner à notre commerce, à notre marine et à notre industrie la place à laquelle ils ont droit en Orient.

En laissant de côté les légendes du Céleste-Empire, le Levant a été le berceau commercial du monde. Les Tyriens et les Grecs se partageaient la navigation dans la Méditerranée et créaient sur toutes ces côtes des colonies qui devaient plus tard accaparer le trafic de tout le vieux monde.

Ainsi, les Vénitiens et les Gênois, qui furent à leur tour les maîtres de la navigation et du commerce, monopolisèrent, pour ainsi dire, les rapports entre les pays producteurs, qui alors étaient toute la côte d'Asie Mineure et les pays consommateurs de l'ouest de l'Europe.

Les croisades commencèrent à ruiner cette partie de l'Asie et y vinrent arrêter l'industrie, l'agriculture et la civilisation.

C'est alors que le besoin de trouver de nouvelles richesses à exploiter dut faire naître, quelques siècles plus tard, dans l'esprit de hardis navigateurs, l'idée d'un monde à l'ouest de l'Europe, au-delà des Mers.

On prétend bien que des Grecs, emportés par les éléments, avaient déjà pris connaissance de l'Atlantide, cette terre au-delà de l'Atlantique, mais les versions étaient tellement vagues et tellement légendaires qu'on ne peut pas s'y arrêter.

La découverte de l'Amérique, en détournant complétement le courant commercial qui, toujours et malgré tout, considérait encore l'Orient comme la seule terre des richesses, continua la ruine de ce magnifique et féerique pays, et lorsque quelque temps après, en 1670, le passage par le Cap fut trouvé, c'en était fait du commerce du Levant en même temps que des navigations grecque, gênoise et vénitienne.

Complétement abandonné de l'Europe Occidentale, la côte l'Asie, les îles de l'Archipel, la Grèce, ne tardèrent pas à se dépeupler et la vie s'y éteignit presque complétement.

Lorsqu'au commencement ce siècle, alors que nous avions perdu nos pos-sessions dans l'Inde, par la faiblesse et l'incurie de Louis XV, dont l'An-'gleterre avait profité en s'y créant une source de richesse qui est loin, même aujourd'hui, d'être appréciée à sa juste valeur, on fut pris d'une sorte de nostalgie de l'Orient et on reconnut qu'il y avait encore là de grands éléments de travail et de fortune.

Lorsque émerveillé du patriotisme et de la bravoure des Hellènes, le vieux monde Européen leur eût rendu, où plutôt les eût aidés à re-conquérir leur indépendance, on fit là un grand pas pour faire revivre les parages dont nous nous occupons.

Comprenant vite que dans le pays qu'on leur avait si parcimo-nieusement mesuré, il n'y aurait de longtemps des éléments suffisants à leur intelligence et à leurs besoins commerciaux, les Grecs fondèrent, prenant en cela exemple sur leurs ancêtres, de nombreuses colonies sur toute la côte Asiatique, colonies qui, on peut le reconnaître maintenant, sont en pleine voie de prospérité.

L'Orient était relevé alors de son inactivité et de sa détresse et on put s'apercevoir qu'il ne demandait qu'à renaître sous l'impulsion de l'intelli-gence et du progrès Européens.

Cependant tout n'était pas dit, lorsque M. de Lesseps, eut la magnifique audace d'entreprendre le percement de l'isthme de Suez.

Je n'ai pas l'intention de m'étendre sur ce gigantesque travail, je veux simplement essayer d'apprécier l'influence qu'il pourra avoir sur le Commerce de la France et du Nord avec le Levant.

Aussitôt que le canal de Suez fut livré à la navigation, nous avons vu des lignes de steamers s'établir de l'Angleterre et nous savons qu'il s'en crée en ce moment de Bordeaux et du Havre, pour l'Inde directement, touchant à Suez.

Non-seulement ces différentes lignes vont toucher à Suez, à Alexandrie, à Messine, mais elles devront encore faire escale dans d'autres ports de la Méditerranée, suivant leurs parcours. Ainsi, les navires, venant d'Angleterre, de l'Ouest et du Nord de la France, s'arrêteront à Gibraltar, ceux de Marseille à Naples, ceux de Trieste à Brindisi, et dans tous les ports de l'Archipel, de la côte d'Asie Mineure.

Ce mouvement ramènera la vie et l'activité dans tout le Levant, et en y favorisant l'émigration, en augmentera la production et la consommation.

D'autres Compagnies, ou peut-être les mêmes, créeront des services à vapeur rattachant entre elles toutes les échelles, pour apporter dans les grands centres maritimes, leurs produits qui trouveront alors de grandes facilités pour être réexportés sur les marchés du nord occidental de la France.

C'est en vain qu'on objectera que ces produits entrent déjà dans notre consommation par le port de Marseille; il suffit de connaître la valeur de ces marchandises pour apprécier quelle influence peut avoir le prix énorme du transport par voies ferrées entre Marseille et les lieux de consommation, Lille par exemple.

Ainsi, pour des laines dont le prix varie de F. 125 à 160 les cent kilogrammes, le prix de transport est de F. 120 les 1,000 kilogrammes, soit presque 10 0/0 de la valeur.

Il en est à peu près de même pour les cotons du Levant et bien d'autres articles, tels que le valonies, gommes, etc., etc.

Du jour où les moyens de transport directs existeront, les expéditions se développeront dans un sens et dans l'autre, à l'importation comme à l'exportation.

Une honorable maison de Smyrne nous écrivait dernièrement au Havre :

« Sans doute, il y aurait lieu à des échanges de marchandises entre nos deux places, si nous avions entre nous des moyens de communication comme avec Marseille et l'Angleterre surtout ; vous recevez nos produits pour le Nord de la France, voie d'Angleterre et voie de Marseille, avec surcharge de frais et de commissions ; nos cotons, nos laines, nos galles, nos gommes vont à Marseille et à Liverpool, tandis qu'ils pourraient aller également chez vous, si nous avions au moins un vapeur mensuel pour votre port.

» Nous recevons de Marseille, presque pour les 3/4, notre approvisionnement de sucre et de café.

» Nous recevons des sucres raffinés d'Anvers et de Hollande par navires à voiles ; nous pourrions en recevoir également de chez vous.

» Nous envoyons des huiles d'olives en Angleterre et en Hollande.

» Ce ne serait donc pas les éléments qui manqueraient à des rapports suivis entre nos deux places, mais les moyens de les utiliser !

» Marseille nous fournit une infinité de choses qui pourraient nous venir également du Havre. Des cuirs, des grenailles, des pointes de Paris, des articles de Paris de toutes sortes, de la cochenille, des drogueries et autres.

» Des vapeurs entre votre place et la nôtre pourraient desservir Anvers qui a aussi des articles spéciaux, vitres, pointes de Paris, sucres, etc.

» Sans doute que dès le principe l'on ne pourrait s'attendre à un plein succès ; mais, comme pour toute entreprise de ce genre il faut du temps, il faut que les voies s'ouvrent et soient connues, pour attirer le mouvement commercial qui doit faire leur succès. »

C'est une considération trop élémentaire pour que nous pensions à la développer.

Ainsi, le pays le plus important de France, au point de vue industriel, est deshérité de toutes ces marchandises ; la grande consommation de Paris est obligée, la plupart du temps, d'aller les chercher en Angleterre et de payer les droits d'entrepôts, faute de communication directe entre le

Havre, qui est le véritable port de la capitale, et le Levant, dont nous employons les cotons, les laines, les galles, les huiles d'olives, les graines de lin, de sésames, de pavots, de coton et autres graines oléagineuses ; nous pourrions employer les valonia (coque du gland de chêne, renfermant une forte proportion d'acide tannique) , propres à la préparation des cuirs, comme on l'emploie en Angleterre ; nous avons aussi l'emploi des racines de garance, de réglisses, et de bien d'autres articles du Levant, en dehors des céréales, et nous avons été privés jusqu'à ce jour d'importation directe.

La création de lignes régulières, que ne peut manquer de forcer l'ouverture du canal de Suez, amènera donc non−seulement l'emploi et l'appréciation de toute la production Levantine, mais en activera le développement.

En effet, nous avons vu ce fait pour les chemins de fer, les canaux, etc. ; ces entreprises hésitantes au début n'ont pas tardé à augmenter le produit de tout leur parcours, et partant à créer pour elles des sources de profits inespérés.

Puisque nous parlons de l'Orient, nous pouvons citer à ce sujet un exemple irréfutable.

On a créé il y a quelques années une ligne de bateaux à vapeur entre l'Angleterre et Smyrne.

Dans le principe, il y avait un steamer par mois qui suffisait amplement aux besoins, maintenant il y en a deux par semaine et de très puissante portée, et il semble que cette ligne réussisse, puisqu'elle augmente constamment son matériel.

Les frets varient de 30 shillings à deux livres sterlings par tonne, suivant l'abondance du fret.

En résumé, voici l'influence qu'aura au point de vue français l'ouverture du canal de Suez sur le commerce de l'Orient.

La vie et l'activité ramenées dans tous ces pays.

La Grèce, l'Asie Mineure et tout le Levant appréciant les débouchés avantageux que peuvent offrir nos ports du Nord et notre industrie.

La création de moyens de communication entre les pays consommateurs et les pays producteurs.

Augmentation de la production du Levant.

Augmentation équivalente de la population et partant de nouveaux besoins se créant.

Exportation de nos produits manufacturés français, de toutes sortes, en concurrence avec l'Angleterre, qui semble vouloir garder pour elle seule ce débouché, si nous n'y prenons garde.

Exportation de nos entrepôts de toutes les marchandises exotiques que nous y recevons, telles que cafés, sucres bruts, cuirs, etc.

Nous croyons avoir assez fait comprendre l'avenir de cette partie de l'Europe, ainsi que la position que notre commerce y peut et y doit prendre, pour nous arrêter là.

Terminons en émettant quelques idées qui nous semblent propres à activer le mouvement, afin d'arriver à ces résultats, pour que le négoce français profite autant que possible de ces nouveaux débouchés.

Dans les questions importantes qui se débattent en ce moment devant la commission d'enquête, à propos de la liberté de pavillon, nous n'hésitons pas à dire que pour le Levant, comme pour tous les pays de production, ce serait un acte bien impolitique, au point de vue de nos intérêts, que de rétablir les surtaxes de pavillon.

Nous avons essayé de démontrer plus haut que les fréquentes communications peuvent seules favoriser un développement désirable à tous égards et pour tous.

Ce serait porter une atteinte sérieuse à ce développement des relations que rétablir la surtaxe, et pour plusieurs raisons.

La première, trop facile à comprendre, c'est que cette mesure aurait pour résultat immédiat de priver notre commerce et notre industrie, qui ont aussi le droit de défendre leurs intérêts, les priver, disons-nous, du concours des marines étrangères qui les alimentent en partie.

Nous deviendrions alors complètement tributaires de l'Angleterre et de la Belgique, les frets étrangers étant plus bas que les nôtres porteraient dans les ports de Liverpool, de Londres, d'Anvers toutes les matières premières, où notre industrie aurait à les aller chercher; de là, mort de nos marchés d'entrepôts et de consommation.

En effet, que voyions-nous sous le régime de la protection dont nous sommes encore trop peu éloignés pour en avoir perdu le souvenir et ne pouvoir le comparer avec le régime actuel.

Des exemples: les pétroles raffinés d'Amérique étaient taxés, suivant pavillon, par navires français au droit de Fr. 3, par navires étrangers à celui de Fr. 5 par cent kilogrammes bruts.

Or, que se passait-il ? Les marchés du Havre, de Bordeaux et de Marseille avaient commencé à recevoir les pétroles destinés à notre consommation. Les frets étrangers ont baissé, les Américains ont expédié sur le marché d'Anvers à des conditions bien plus avantageuses de frets, et de là, grâce à une fraude impossible, pour ainsi dire, à constater, les Belges faisant passer les produits raffinés américains comme de fabrication Belge entraient dans tout le Nord de la France leurs importations au droit de Fr. 3, après avoir profité du bas prix du pavillon étranger, tandis que le Havre payait le droit de Fr. 5, pour ses importations directes ; et par suite du bas prix relatif du transport en Belgique, Anvers venait approvisionner jusqu'à Paris.

J'en pourrais dire autant de bien des articles, entre autre des huiles de baleine qui, importées directement des lieux de pêche par un navire français, ne payaient que le droit de Fr. 6, et celui de Fr. 8, par pavillon étranger. Or, les Brémois faisaient venir les huiles par pavillons étrangers, les faisaient certifier de leur pêche nationale et les réexpédiaient de Brème sur nos ports au droit de Fr. 6, tandis que nos négociants important directement, mais par pavillon étranger, vu le manque de navires français aux lieux d'expédition, devaient payer le droit de Fr. 8.

Aussi notre commerce se trouvait complètement distancé par celui de nos voisins et nos entrepôts perdaient chaque jour de leur importance, quand la loi sur l'assimilation des pavillons est venue les sauver.

Il importe donc pour que notre commerce avec l'Orient, comme avec toutes les parties du monde, prenne de l'extension, qu'on lui conserve la liberté de pavillon.

Quelques-uns de nos armateurs, je le sais, vont attribuer à cette loi les pertes qu'ils subissent aujourd'hui par les bas frets, et la plupart se plaindront de son maintien, mais nous croyons que c'est surtout d'autres côtés qu'il convient de rechercher les causes de cette perturbation dans les prix de transport.

A part la transformation qui s'opère dans notre flotte marchande, tendant à substituer la navigation à vapeur à la navigation à voile, nous pouvons parler un peu des changements que fera subir à toute la marine Européenne le percement de l'Isthme de Suez.

Il est certain que la création du canal aura pour résultat, non-seulement de faire baisser le prix des frets de l'Inde et de l'extrême Orient en Europe, mais encore de tous les ports de l'Amérique, et je prouve que l'assimilation du pavillon n'y est pour rien.

Admettons une flotte de 100 navires, Français, Anglais ou Allemands, la nationalité importe peu, faisant par le Cap les traversées de Bombay à Liverpool ; avant la création du canal, ces navires mettaient quatre mois en moyenne pour leurs voyages.

Si maintenant ces mêmes navires, passant par Suez, ne mettent que un mois 1/2, il est évident que la moitié de la même flotte suffira pour le trafic actuel ; de là, beaucoup de navires affectés à cette navigation deviennent inoccupés et doivent aller sur d'autres points chercher du fret et faire ainsi concurrence aux lignes déjà établies.

En outre, le remplacement de la navigation à voile par la vapeur aura le même résultat.

Un voilier met pour aller du Havre à Buenos-Ayres 60 jours à l'aller, 60 jours au chargement, 70 jours au retour, ensemble 190 jours plus ou moins, suivant les qualités du navire. Mais je prends ici des chiffres considérés comme pouvant être appliqués à de bons bâtiments.

Un steamer mixte, comme ceux que la maison Quesnel Frères et Cᵒ, a mis sur la ligne de Buenos-Ayres, mettra à l'aller 33 jours, au chargement

15 jours (arrivant à époque fixe son fret sera toujours prêt), au retour 45 jours ensemble 93 jours, il gagnera donc sur le voilier 77 jours, soit 45,29 0/0 ou presque moitié. D'où il ressort que si les deux tiers de notre flotte a voile étaient immédiatement remplacés par la vapeur, le troisième deviendrait inutile au trafic actuel.

Mais la substitution s'opérera graduellement et de telle façon que, suivant la base fondamentale du régime des transports qui prouve que les moyens de communication développent la production et la consommation, la marine marchande toute entière reprendra sa position par la force des choses, après avoir supporté la crise actuelle.

Je veux aussi parler de notre industrie à propos des droits de pavillon.

Les protectionistes ne comprennent-ils donc pas que notre marine nationale ne peut pas importer tous les produits nécessaires à la fabrique française et que le rétablissement du droit de pavillon aurait pour résultat de frapper la marchandise d'un fret énorme qui finirait par égaler à peu près le droit d'entrepôt.

Pour la laine, par exemple, prenez deux filatures, l'une en Belgique, l'autre en France.

L'importation des laines de Buenos-Ayres à Anvers se fera par navires de tous pavillons, au fret de 20 francs par exemple, tandis que les importeurs du Havre devront payer autour de 50 francs ; cela a été prouvé par l'expérience.

La laine brute reviendra donc par tonneau à F. 30 plus cher au Havre qu'à Anvers soit F. 3 par 100 kilos sur le brut, ce qui fait, en prenant un rendement moyen de 33 0/0, F. 9 sur la laine lavée ou 9 centimes par kilogramme.

On objectera vainement que ce n'est pas l'industriel achetant sur le marché de consommation qui paye la différence de fret et que l'expéditeur seul perd ou profite du bon marché ou de l'élévation du prix de transport.

En effet, les cours régis par la demande et par l'offre s'inquiètent peu du fret qu'a payé la marchandise.

A ceci nous répondrons que si les expéditeurs voient qu'un marché leur offre plus d'avantages qu'un autre, pour quelque cause que ce soit, ils expédieront vers ce point; le marché étranger étant plus avantageux à l'expédition que le marché français, le marché étranger recevra ; alors l'industriel devra y aller s'approvisionner et paiera le droit d'entrepôt et les frais nouveaux nécessaires pour amener la marchandise à son usine, et *cette fois c'est bien lui qui paiera*. Comment voulez-vous alors que le fabricant français puisse lutter avantageusement avec ses rivaux dans de telles conditions?

Non, la liberté de tous les pavillons permettant à notre industrie de faire aussi bien par le choix et aussi bon marché par le prix que nos voisins, est essentielle à notre vie commerciale et industrielle.

Dans ces conditions, nos fabricants pourront user pour leurs produits des marchés étrangers de consommation qui sont accaparés par nos rivaux, et les y faire connaitre et apprécier.

De là, création de nouveaux débouchés, qui, par la force des choses, alimenteront notre marine elle-même.

Voilà ce qu'il faut au commerce français en général et à celui avec l'Orient en particulier, voilà ce qui ressortira évidemment de l'enquête actuelle, et voilà enfin ce que nous désirons de toutes nos forces, persuadés que là est le succès. Ainsi donc, partant de ce principe, il convient de favoriser, autant que faire se pourra, le développement maritime entre le Havre et les ports du nord de la France avec le Levant par pavillon français, si possible, mais sans repousser la navigation étrangère; au contraire on doit même l'encourager par la réduction la plus grande sur les frais qu'elle rencontre encore dans nos ports.

J'aborderai maintenant une question très importante pour le développement de nos relations avec l'Orient, question qui a été souvent soulevée sans être jamais résolue, et qu'il convient cependant d'étudier avec grand soin.

Je veux parler des aptitudes commerciales pratiques de notre corps consulaire.

Avant d'entamer ce sujet, je dois rendre justice à la parfaite amabilité de tous nos consuls, à leur hospitalité pour leurs nationaux, hospitalité souvent payée de bien des ennuis, à la haute considération dans laquelle ils font tenir le drapeau national dans leurs résidences, à toutes leurs qualités en un mot, mais malheureusement beaucoup d'entre eux manquent des connaissances commerciales pratiques nécessaires à une partie de leur mission.

Il est vrai qu'en Orient ils s'adjoignent généralement des chanceliers et des drogmans natifs, la plupart négociants, mais ces étrangers ne connaissent rien de nos besoins et ne peuvent guère rendre à notre commerce les services qu'il réclame.

Les consuls français à l'étranger ne considèrent pour ainsi dire que la mission politique qui leur est confiée, leur éducation, leurs aptitudes leur font négliger les autres études qui ont cependant toutes un intérêt de premier ordre.

Il est impossible de changer en un seul jour les errements sur lesquels nous avons marché jusqu'à présent; il est incompatible avec l'éducation de notre corps consulaire, avec ce qu'on lui a demandé jusqu'à présent, d'exiger de nos représentants à l'étranger des rapports commerciaux suivis sur leur résidence ; mais ne pourrait-on pas adresser à ces agents un questionnaire rédigé avec soin, pour avoir chaque semestre leurs réponses sur ce qui intéresse notre commerce national.

Ce questionnaire serait composé par les chambres de commerce de l'Empire ; les unes, celles des ports de mer demanderaient naturellement les productions du pays où réside l'agent consulaire, leurs prix, leur abondance ou leur rareté, l'état de l'agriculture et de l'industrie, les prix des frets, la quantité de navires nécessaires au transport des produits et tant d'autres questions ; les autres chambres, celles des villes manufacturières, demanderaient les besoins de ces mêmes pays, quels sont les articles qui y conviennent le plus, quels sont leurs qualités, les prix qu'ils obtiennent, etc., etc.

Les agents consulaires rempliraient facilement ces questionnaires, et les retourneraient au ministère, où ils seraient classés, imprimés, et on leur donnerait la plus grande publicité, tant par l'insertion au *Journal Officiel* que par l'envoi de brochures dans toutes les chambres de commerce, dans toutes les préfectures et sous-préfectures, où les intéressés pourraient les consulter.

De cette façon, nos armateurs, nos négociants, nos industriels, nos agriculteurs même, seraient tenus pour ainsi dire, mois par mois, au courant de ce qu'il y a à faire pour nous à l'étranger.

On a souvent accusé le commerce français de rester dans une coupable inactivité et de laisser prendre à nos voisins d'outre-Manche une position que nous regrettons, quand il n'est plus temps ; mais la faute n'est pas à lui seul.

Qu'on lui fournisse les moyens de se renseigner et on verra bientôt que, l'intérêt aidant, nous pouvons faire comme les Anglais et avoir, nous aussi, de l'initiative.

Nos consuls envoient bien à des intervalles de temps plus ou moins éloignés des rapports au Ministère des affaires étrangères, qui les fait passer au département du commerce, par les soins duquel ils sont publiés sous le nom d'*annales extérieures*, et adressés aux Chambres de Commerce.

Mais ces rapports sont généralement assez rares, et je pourrais citer tel ou tel consulat sur lequel les *annales extérieures* n'ont rien communiqué depuis des années.

En outre, le ministère, qui publie chaque mois un bulletin de ces documents, ne peut fournir tous les renseignements à leur arrivée. Ainsi, j'ai vu au mois d'Octobre le rapport d'un de nos consuls en Orient, lequel rapport devait partir sous peu pour le Ministère, où il a dû arriver vers Novembre, et qui n'est pas encore publié.

Enfin, je dois le dire, la plupart de ces rapports manquent d'appréciations et de documents pratiques.

Tous, ne sont pas ainsi, et s'il nous était permis de prendre comme type le rapport de M. Crampon, consul de France à Taurits publié dans le numéro de février 1870 des *Annales extérieures du Commerce*, nous ferions juger par ce travail consciencieux et pratique des services que peuvent nous rendre nos agents à l'Etranger, en y conformant leurs renseignements.

Qu'on autorise les consuls et agents consulaires à répondre à toutes les demandes directes qui leur parviennent des négociants, armateurs, industriels français, tant pour obtenir des renseignements sur la position commerciale du pays où ils résident que sur la solvabilité même des négociants de ce pays.

Que le citoyen français, qui a une de ces demandes à faire, ne soit pas obligé de prendre la voie administrative, d'écrire au Ministre de l'intérieur ou du commerce, qui transmet sa lettre à son collègue des affaires étrangères, qui l'envoie aux consuls. La réponse par la même voie arrive après des mois, quand elle arrive, et les affaires ne sont plus possibles.

Les consuls anglais répondent directement et de suite à toutes les demandes personnelles de leurs nationaux. Pourquoi nos représentants ne pourraient-ils pas faire de même, pourquoi toujours être renfermé dans cette filière administrative qui entrave l'initiative et dans le cas actuel compromet les intérêts commerciaux du pays ?

Voilà, pour le plus pressé, ce qu'il y a à faire de suite ; mais, pour l'avenir, il faudrait exiger de nos agents consulaires des connaissances qui leur manquent presque généralement, non-seulement en théorie, mais encore en pratique.

Ne serait-il pas possible d'obliger nos jeunes compatriotes qui entrent dans la carrière consulaire, à faire un stage d'une année dans une maison de commerce d'une grande place marchande, le Havre, Bordeaux ou Marseille ; là ils apprendraient plus qu'en cinq ans de théorie et plus tard ils rendraient d'immenses services à nos négociants en échange de l'hospitalité qu'ils auraient trouvée dans leurs comptoirs.

Je soumets ces réflexions à votre haute appréciation, Monsieur le Ministre. Dans le mouvement commercial qui s'opère en ce moment, il convient de prendre d'urgentes mesures pour ne pas le laisser s'arrêter, et pour faire à notre commerce, à notre marine et à notre industrie une large part dans les affaires qui se développent.

Ne pourrait-on encore composer une commission spéciale dont feraient partie des hommes compétents à tous égards pour apprécier l'avenir des différents pays où la France veut et doit établir des relations et augmenter celles qu'elle y a déjà ; des ingénieurs qui étudieraient la question géologique et minéralogique, des agriculteurs pour la question de produits végétaux et animaux, des négociants et armateurs pour les questions maritimes et commerciales, des industriels enfin pour la question d'exportation.

Ce comité, composé d'hommes pratiques, pourrait de temps à autre confier une mission d'étude, soit à quelques-uns de ses membres, soit à des voyageurs qui trouveraient certainement, revêtus de ce caractère officiel, un parfait accueil dans toutes les contrées qu'ils visiteraient de la part de nos agents français d'abord et de celle des différents gouvernements étrangers.

Ces voyageurs feraient alors des rapports détaillés à leur retour, lesquels publiés comme les renseignements consulaires, rendraient d'éminents services à tous nos compatriotes.

Il y aurait encore bien d'autres moyens certainement de faire naître ou de développer le mouvement commercial français, et ce serait justement ce comité qui les apprécierait et les emploierait.

Je termine ce rapport, Monsieur le Ministre, en constatant ce progrès que j'ai vu partout s'accomplir.

L'Autriche et la Hongrie créent des chemins de fer, la Roumanie suit leur exemple en reliant les pays producteurs, la Bessarabie et autres, à ses principaux ports du Danube; la Russie émancipe, instruit et civilise les peuples du Sud, termine le télégraphe Russo-Indien, construit des routes et des voies ferrées, la Turquie concessionne son réseau, la Grèce perce l'Isthme de Corinthe, favorise l'établissement de sociétés ayant pour but l'exploitation de la richesse du sol, etc., et l'Italie, de son côté, après avoir élevé le niveau social de ses citoyens, avoir établi des chemins de fer qui manquaient il y a quelques années, crée un port qui prendra place parmi les plus importants.

De tous cotés j'ai pu apprécier la part que doivent prendre notre pavillon et notre commerce dans les relations à établir et j'ai la conviction intime que le temps n'est pas éloigné où notre industrie profitera des besoins de l'Orient, en même temps que ces contrées verront que les ports du Nord-Ouest de la France, le Havre surtout, placés comme ils le sont, au centre d'un pays manufacturier qui ne demande qu'à employer leurs produits, leur offrent de grands avantages à l'expédition.

Je n'ose croire que ce rapport un peu succinct puisse déterminer tous les progrès que je désire, mais quelle que soit la part qu'il peut y prendre, si j'ai réussi à ouvrir les yeux à quelques-uns de nos compatriotes sur les sources de profit qu'ils laissent à d'autres; si j'ai pu, avec la mesure des moyens qui m'étaient donnés, faire faire un pas en avant au mouvement français, jeter la moindre lueur sur ce qui nous manque et que nous pouvons obtenir; si j'ai pu donner une idée de la valeur des pays que j'ai visités, mon but sera rempli.

Donc, en vous demandant, Monsieur le Ministre, de vouloir bien accueillir cette étude superficielle et en la recommandant à votre bienveillance,

Je vous prie d'agréer l'assurance de ma haute considération,

FÉLIX FAURE.

HAVRE. — Imprimerie F. SANTALLIER & Cie, boulevard Impérial, 162.